医鉴启示录

主 编 徐瑞玉
副主编 郑培新 高 觉

东南大学出版社
SOUTHEAST UNIVERSITY PRESS
·南京·

内 容 简 介

本书精选了常州医学会经历的 20 个医疗纠纷案例，其范围覆盖了骨科、妇产科、儿科等医疗纠纷多发专业，涉及技术、管理、法律等专业问题，并对这些案例从医学及法律的角度进行分析解读，让医患都能学习和了解医疗纠纷解决途径、过错判定、防范要点等，有助于正确认识医学鉴定和医疗纠纷处理工作，有助于医务人员增强"以患者为中心"的服务理念，也必将有助于构建互相尊重、相互信任的和谐医患关系。

该书写作手法鲜活，着眼温度，百姓疾苦跃然纸上，医者无奈让人深思。

图书在版编目（CIP）数据

医鉴启示录/徐瑞玉主编. —南京：东南大学出版社，2021.12
ISBN 978-7-5766-0038-4

Ⅰ.①医… Ⅱ.①徐… Ⅲ.①医疗纠纷—案例—常州 Ⅳ.①D927.533.216.5

中国版本图书馆 CIP 数据核字（2021）第 281547 号

责任编辑：张新建　责任校对：张万莹　封面设计：毕真　责任印制：周荣虎

医鉴启示录
Yijian Qishilu

主　　编	徐瑞玉
出版发行	东南大学出版社
社　　址	南京四牌楼 2 号　邮编：210096　电话（传真）：025-83793330
网　　址	http://www.seupress.com
电子邮件	press@seupress.com
经　　销	全国各地新华书店
印　　刷	江阴金马印刷有限公司
开　　本	700 mm×1000 mm　1/16
印　　张	11.75
字　　数	138 千字
版　　次	2021 年 12 月第 1 版
印　　次	2021 年 12 月第 1 次印刷
书　　号	ISBN 978-7-5766-0038-4
定　　价	50.00 元

本社图书若有印装质量问题，请直接与营销部联系。电话：025-83791830。

编 委 会

主　　编：徐瑞玉
副 主 编：郑培新　高　觉
执行主编：高　觉
委　　员：吴进杰　郭建忠　施晓红　昌　敏
　　　　　张　云　王　倩　王培凤

序

善 解 心 结

当我在第一时间读完此书的样稿时，同为医鉴人的我感同身受，深思良久。

自 2002 年国务院《医疗事故处理条例》实施后，医学会开展医疗事故鉴定工作已有十八年，2010 年实施的《中华人民共和国侵权责任法》对鉴定工作有了新的要求。常州市医学会作为全国最早开展医疗损害鉴定工作的医学会之一，多年来紧紧依靠广大专家，在坚持科学、公正原则的基础上完成了大量的医学鉴定工作，积累了丰富的理论和实践经验。此书是常州市医学会对鉴定案例的静心思考，对鉴定工作的认真执着，对医疗纠纷发生的规律和特点的深入研究，由此将复杂的情感浓缩而成的一本"简单"的书。

众所周知，在医学发展的进程中，医疗纠纷与诊疗活动常常如影随形，挥之不去，但这与医务人员"救死扶伤""大爱无疆"的整体形象并不矛盾。有些案件中诊疗行为确有过错，有些是医患双方沟通不足，还有一些则因医疗技术水平所限或患方医学知识匮乏而引起。书中精选的20个案例虽然覆盖了"骨科""妇产科""儿科"等医疗纠纷多发专业，也涵盖了技术、管理、法律等专业问题，但本书显然并未谋求"全面""系统""权威"的鸿篇巨制，而是立足"鲜活"，着眼"温度"，用优美的文学方式向读者展示了医疗纠纷的铅色画面。百姓疾苦、医者无奈跃然纸上。

凭借常年处理医疗纠纷案件的经验，加之曾经的临床工作经历，作者讲述医鉴话题自当毫不费力，准确刻画相关人物和思想心态也有着先天的优势。然而，同为医鉴人，我深知写一本有关纠纷处理工作的书是件多么不容易的事，稍有不慎便会落入争议的漩涡。作者显然也意识到这一点。本书通过巧妙的构思，将医疗纠纷的解决途径、过错判定、防范要点等相对专业的问题做了轻处理，批评医疗过错时避开了晦涩难懂的专业词汇，分析社会现状及描写感情起伏时没有过分渲染。

虽然每个人都很想远离纠纷、远离事故，但"红红""小赵"这样生活中的称呼一下就拉近了我们与故事的距离；"死亡""跛腿"……，每每读到不忍的结局都会令人情入其中，唏嘘于心，扼腕至髓。精致、细腻的笔法直观地展示了医疗纠纷中的各种因素，紧凑而又略带凝重的情节和自然流畅的评论将现实与理性融为一体，恰到好处的留白给读者足够空间去思考"情与法"耐人寻味的胶着。

这是一本涉及医疗并期望理解医疗的书，这是一本深入纠纷并期望减少纠纷的书，这是一本缘起信任并期望修复信任的书，这更是一本发现善良并期望成就善良的书。我想，在这个基础上，即便存在些许不同意见，也不会影响总体价值认同。

《医鉴启示录》是医鉴视角下的医患关系的真实写照，具有较为普遍的代表性。我相信,本书的出版有助于社会正确认识医学鉴定和纠纷处理工作,有助于医务人员增强"以患者为中心"的服务理念,也必将有助于构建互相尊重、相互信任的和谐医患关系。

李国红

2020 年 6 月 17 日于北京

目 录

1/ 失重的信任

11/ 善意之失

20/ 或许温情是良方

29/ "极简"的病历与"跛腿"的孩子

38/ 医鉴有尺　情理有度

47/ 青春，容得下一颗蠢蠢欲动的小痘痘

55/ 冷与热

63/ 不可小视的"蛋疼"

72/ 遗失的真相

80/ 患者猝死，谁的错？

90/ "错误出生"的悠悠

101/ "好不了"的右腿

110/ 不该发生的悲剧

120/ 感冒也会死人？

129/ 患者在医院跌伤，到底是谁的错？

138/ 生命不可轻

148/ 重见光明的希望破灭之后

156/ 右手外伤后雪上加霜

165/ 与"错"较真

174/ 后记

失重的信任

办公室的门被轻轻地推开，一位瘦小的中年男人走了进来，有点紧张，欲言又止。"请问您找谁？"我迎上两步对他说。

他怯怯地说："你是易主任吗？我要告医院，我要做医疗事故鉴定……当时医院救了我老婆的命，我们全家很感激，但第二次做修补手术，他们用了不好的材料，出院没有多长时间，修补材料就塌陷了。我找他们理论，他们不认错，找卫生局，让我到你们这找易主任做鉴定。"

我听得一头雾水，安慰他道："我是易主任，负责医疗事故技术鉴定，具体怎么回事，不要急，坐下来慢慢说。"

接过我递上的茶水，他慢慢地开始了叙述："我叫王伟国，五年前我们一家投靠老乡来到常州，我在洗车行帮着洗车，有空时干点其他杂活。我老婆叫张美华，在菜市场租了个摊位卖菜，虽然辛苦点，但挣钱比我多，家里主要靠她操持，她是一个苦命人。"

旧　伤

周围人都说，张美华是个苦命的女人。四十岁开外的她，白发已经爬满了大半个头，但这个女人真不简单，硬是凭粗糙的双手托起一个家。

张美华的老家在外省山区，因为家贫，以换亲的方式嫁给了邻村的丈夫。所幸夫妻恩爱，婚后还算过了一段舒心的日子，可随着儿子强强的出世，一切都变得飘忽起来。那天晚上，本是强强降临世间的快乐日子，可是剧烈的疼痛，漫长的等待却没有换来小家伙的如期而至。山村的接生婆没了办法，唤起左邻右舍，担起简易担架，往医院赶。山里路难走，这一刻，时间又似乎粘住了所有人的脚，路变得更难走。好不容易赶到医院，太阳已经露出了半个脸。羊水已破，强强还在肚中挣扎，小镇医院里的医生顿时慌了手脚。又不知过了多少时间，好不容易等来了县里的医生，在催产素和产钳的联合作用下，一个小生命终于坠地了，张美华眼中噙着泪，苍白的脸上终于泛起笑意，但她不知道，这一刻才是苦难的开始。

六个月后，强强还不会笑，眼神呆滞，身体僵硬，县医院儿科专家告诉张美华，强强因为宫内窘迫、缺氧而形成脑性瘫痪，必须进行康复治疗。一个脑瘫患儿一下压垮了一个家，亲朋好友甚至劝她放弃这个孩子，但她很坚决："只要我有一口气，就有他一条活路！"

为了给孩子一个更好的治疗环境，张美华和丈夫背井离乡，外出打工。十多年来，他们到过不少地方，贵阳、上海、宁波、南京，一边打工一边筹钱，好多年没有回过老家。最难的时候，为省一宿住宿费,一家人犄角旮旯找个避风的地方就是家。五年前他们投靠老乡来到常州,张美华卖菜,丈夫在洗车行帮着洗车,有空时干点其他杂活。有了相对稳定的收入,儿子强强的康复训练也有了保障,虽然说话还不那么顺溜、走路还不那么平稳,但她心中的阴霾却渐渐散了开去,笑容慢慢爬上脸庞——他们在常州立下了脚。

祸　起

"我老婆的这件事情还得从两年前说起……"王伟国接着诉说。那天天没亮张美华急忙赶到了凌家塘蔬菜批发市场,开始了一天繁忙的工作。凌晨三四点钟,正是凌家塘最忙碌的时候,来来往往的运输车,如觅食的鱼,浮游而上,拥簇着、争抢着、吞咽着城市一天的所需。张美华已经选好了一天的蔬菜,吃力地蹬着三轮车在常金大桥上缓慢地走着。横跨在京杭大运河上的常金大桥,在喧嚣声中早早惊醒,怦然搏动着高频心率。突然一声更尖利的嚣叫刺破车水马龙声,在大桥桥塊,一辆逆向行驶小卡车与张美华顺行的三轮车发生猛烈碰撞,满载的蔬菜挣脱捆绳,抛撒一地。

卡车司机看着头破血流人事不省瘫倒在路旁的张美华,吓得六神无主,在路人的提醒下赶忙打电话呼叫120急救。半个多小时后,张美华被送到市区某三甲医院救治,等王伟国接到电话赶到医院时,他看到的是仍然昏迷的张美华,吸着氧气、打着点滴,头发也被剃得光光的。王伟国的天塌了,他只知道一声声地喊着昏迷中的老婆。

这时医生走了过来:"你是张美华的丈夫?你妻子头部伤得很

重，但还有一线希望，我们马上给她做开颅手术，术后恢复咋样，现在很难说。这是手术同意书你看一下，快签字吧，我们手术室已经准备接病人了。"

王伟国大脑中一片空白，急忙歪歪扭扭地签上自己的名字，一个劲地说："救救我老婆，救救我老婆，一家人都离不开她！"

看着老婆被推进手术室，王伟国无助地蹲在墙角，这一蹲就是近四个小时，直到护士喊他的名字，他才如梦方醒，随着护士将张美华推到了病床旁。主治医师开好医嘱后对他说："你妻子颅内出血、脑肿胀、颅骨骨折，我们给她做了'开颅血肿清除术加去骨瓣减压术'，虽然手术很顺利，下来还要边观察边治疗，如果恢复得好，缺损的颅骨到时再做修补术。"

王伟国看着把妻子从死亡线上拉回来的医生，只是一个劲地感谢！是天见可怜，更是医生的医术高明，张美华的病在稳定地恢复中。慢慢地，张美华睁开了眼睛，可以与家人交谈，逐渐可以在搀扶下下床、自己行走。其间曾有两次四肢抽搐，医生说是外伤性癫痫，给配了药后再没有发作。三个月后张美华恢复得很好，医生建议出院。王伟国听说终于可以回家了，很高兴，但看着妻子颅骨缺损凹陷处大脑的搏动，心里有些不安。医生告诉他们这个不要紧，注意不要受伤，如果没有意外情况，两个月后做颅骨修补后就好了，告诉他们要及时复诊，于是张美华带了出院要吃的药回家休息。

新 痛

出院后，王伟国辞掉了一部分工作，多留出些时间悉心照顾张美华。儿子虽然行动有些不便，却特别懂事，经常和爸爸抢着干一些家务，为妈妈洗脸、洗脚。看到父子俩笨拙地忙前忙后，张美华哭了。所幸无意外情况发生，两个月后张美华如约住进了医院，主治的还是上次的医生，张美华和丈夫很信任她的救命恩人。做完术前检查后医生为张美华做了颅骨缺损修补术，术后复查头颅CT结果显示修补材料在位，形态正常。这次住院很顺利，不到三周张美华就出院了。

又过了两个月，张美华已经行动自如了，想想没有什么异常，就没有再到医院配药。转眼到了春节，一家人和亲朋们高高兴兴地过节。节后，张美华又四肢抽搐过一次，她想想可能是过节劳累了，应该没有什么。随后，当四肢抽搐再次发作时，他们怕了，赶忙到医院找主治医生，不巧的是主治医生出差在外。为慎重起见，他们挂了专家号。为她看病的是医院的一位老专家，老专家详细问过病情、检查身体后，告诉她可能还是外伤性癫痫，还得吃药，并告诉他们头皮下软组织有点内陷，建议复查头颅CT看看有没有其他问题。很快头颅CT检查结果出来了，片子他们看不懂，但看到医院出具的头颅CT检查报告显示"颅骨缺损修补术后，修补材料局部内陷"时，他们心里七上八下，赶紧找专家帮他们看看这是什么意思。

老专家看了看报告，又看了看CT片子，肯定地说："你们怎么这么不小心，怎么头上又受伤了？"

张美华和丈夫一下蒙住了。"又受伤了？等等，怎么可能，出院后我一直在家休养，头上没有伤过啊！"张美华急忙回答。

"不受伤？不受伤修补材料自己还会内陷，谁信啊？"老专家不耐烦地回道。

老专家的这句话无意中给他们一个启发。"对！一定是自己塌陷的，一定是医生黑了心，使用劣质的修补材料。"他们心中有了自己的答案。随后，他们找到了医院医务科反映情况，要求给个说法。医院经过调查明确答复：首先，医院使用的修补材料（钛板）是符合相关规定的正规产品，不存在质量问题，这一点可以做质量追溯；其次，手术后头颅CT检查提示修补材料外形良好，固定牢靠，没有凹陷、松动现象。颅骨修补材料钛板是高强度金属材料，只有在较大外力作用下才可能变形，张美华颅骨修补手术后三个月左右出现了钛板内陷，与院方所使用的修补材料及手术操作不存在任何关联，肯定与出院后受外力因素有关。为此，张美华多次到医院、卫生行政部门、外来人员法律援助中心讨说法，她只认一个理，山里人修补一口铁锅也能管上几年，而她手术后三个月就出现修补材料凹陷，肯定是医生黑了心，使用劣质的医疗材料，她一定要让害她自己的"坏医生"付出代价。

大半个上午过去了，王伟国终于诉说结束。我仔细看了看他手中的出院记录、门诊病历等简单材料，心中基本清楚，纠纷的焦点集中在"颅骨修补材料塌陷"的原因上。作为有一定专业知识的医务工作者，我心里其实已经有了初步考虑——"一定是张美华再次受伤导致的，否则以现在的颅骨修补材料是不可能塌陷的"，只是由于没见到张美华，加上看着王伟国诚恳的表情，我心中还存疑问。我只好对他说："鉴定可以，但鉴定的结果可能与你所想的不尽相同，希望你有所准备！"我以这句话结束了我们的谈话。

真 相

　　这场医疗事故技术鉴定，无意中成了一场"不幸"与"无辜"、"正义"与"偏见"的较量。为慎重起见，医疗鉴定办公室（简称"医鉴办"）仔细而全面地收集了张美华的就诊病历资料和多次检查的头颅 CT 片子，重点围绕"颅骨缺损修补术后三个月局部出现'塌陷'"组织鉴定。鉴定会上，张美华坚持认为，医院使用劣质的医疗材料造成塌陷，使她再次承受痛苦，都是医院惹的祸；而医院坚持认为，手术是成功的，医疗材料是合格的，颅骨缺损修补术后就出现局部凹陷，是因患者出院后外力所致。当事双方各执己见，把责任都推向对方，面对医院的解释，张美华和丈夫情绪激动，她甚至叫嚷着："我有神经病吗？出院后自己用砖砸头，还是拿头撞墙？我死了，儿子谁负责……"至此迷雾重重，专家们作为专业人士肯定知道没有强大外力作用，颅骨修补材料是绝对不会塌陷的；而张美华和丈夫激动的表情说明他们说谎的可能性不大。问题到底出在哪里？鉴定会一时陷入了停顿。

　　专家组组长适时地打断了医患双方的争执，先对张美华行伤情检查：开颅手术的刀口已经愈合，皮瓣下软组织轻度萎缩，"修补材料塌陷"处皮瓣无外伤痕迹。"修补材料塌陷"处皮瓣无外伤痕迹间接证实了张美华的诉说是可信的，也就是说因患者出院后再次受伤，外力导致修补材料塌陷这一可能性已经被排除。无奈之下，专家组成员们的调查重心回到了那张检查报告为"颅骨缺损修补术后，修补材料局部内陷"的 CT 片上。本次医疗纠纷的起源即张美华提交的最有力的证据，就是在医院复查时做的头颅 CT 片，头颅

CT片是客观检查资料，不会说谎。而恰恰正是这张头颅CT片使得鉴定工作出现重大转机。原来，头颅CT检查可以明确显示颅骨、颅骨修补材料和颅内组织的形态，常规患者做头颅CT检查时，需仰卧检查床，以眼眶和外耳道连线为基线，头部定位时两侧一定要对称，否则检查结果会有误差。细心的专家仔细审阅张美华这张头颅CT时发现，张美华做检查时由于疏忽，头部定位有偏差，两侧不对称，致使头颅CT片上颞部修补材料内陷（塑性所需）上移，与对侧比较造成修补部位出现塌陷的错觉。这一发现，成为黑暗中的一丝曙光，驱散迷雾，让事实的本来面目越来越清晰。

经过认真调查，专家最终还原了造成张美华修补部位出现塌陷的真相：第一，"塌陷"非患者自身因素（出院后修补材料凹陷部位的外力因素）所致：因为患者既无相应外伤病史，现场体检显示患者局部头皮也无疤痕。第二，"塌陷"非医方因素所致：医方所用颅骨修补材料（钛板）符合相关规定，无质量问题；医方对患者施行"颅骨缺损修补术"手术操作规范，术后头颅CT检查证实钛板外形良好，无凹陷、松动现象。既然当事双方都排除了可能存在的问题，那问题在哪里呢？专家给出的结论是：头颅CT检查显示的"修补材料塌陷"是手术时修补材料塑形（按原有的颅骨解剖结构塑形）所形成的。原来，因人体颅骨在颞部（太阳穴）处存在生理性内陷，在颅骨缺损修补术时，颅骨修补材料常规按原有的颅骨解剖结构塑形，相应在颞部存在内陷，而张美华做检查时头部定位有偏差，两侧不对称，致使头颅CT片上颞部修补材料内陷（塑性所需）上移，与对侧比较造成修补部位出现塌陷的错觉。而张美华术后逐渐出现的太阳穴处皮下软组织外观"逐渐凹陷"则更好解释：术后早期局部头皮、皮下组织和颞肌充血水肿，外观肿胀，随着局部头皮、皮下组织充血水肿逐渐消退，颞肌逐渐萎缩，外观局部逐渐出现凹陷。在科学的评判面前，事实就是事实，谁也不能虚构。听完专家组详细的讲解，拨开疑云后，当事医院才如梦方醒，表示自己工作中的一点疏忽，造成如此误会实属不该，当场向张美华夫妻俩表示歉意，并表示如果需要后续还为张美华提供更好的服务。而张美华夫妻俩虽然表示接受鉴定结论，但可能对高深的专业知识一时还难以完全理解，仍有所怀疑。专家告诉他们："如果还不认可，建议你们再做一次头颅CT，什么都会清楚的，但是记着检查时头一定要摆正。"随着鉴定会的结束，一场因误会引起的医疗争议风波就此平息。

后 记

发出鉴定意见书后，我与张美华夫妻俩再未见面。一次偶然机会，开会时碰见了当事医生，我们聊了聊后续的处理情况。

当事医生说："易主任，非常感谢你们，帮我们化解了纠纷。鉴定结束后，我们陪着她复查了头颅CT，他们就什么都清楚了，当场就道歉。后来我又给她配了抗癫痫的药，经过规范的治疗，癫痫没有再发作。平心而论，张美华夫妻俩是讲道理的好人，发生纠纷前我们好得就像几十年的老朋友。如果当时我们做头颅CT不要疏忽，把头位摆正，或者出现误解后我们相信他们不是自己受伤后诬告，事情可能不会发生。追根究底，还是我们医患之间缺少相互信任。"

当下,医患矛盾似乎成了热点,频繁冲击着人们的神经,其根本原因就在于医患间的信任出现了危机。张美华医疗纠纷一案就是典型代表。平心而论,作为对医学知识一无所知的患者,对术后局部出现"塌陷",可能会理所当然地认为是医方手术不当或使用材料不合格造成的。此时若医方能够理性对待,严格把好复查关,而不武断地认定是患者出院后颅骨修补部位再次受外力作用而致塌陷,那么矛盾或许不会特别尖锐。医疗技术和沟通艺术的结合,或许才是化解医患矛盾的一剂良药。

善意之失

已是十一月的时节,风有些紧,卷起冷叶无数,如一群群寒蝶在颤抖扑腾。我放下手中的鉴定案件资料,揉揉有点干涩的眼睛,一看表,早已过了下班时间。我忽然想起晚上还要参加一个聚会,赶忙将新近收到的医疗鉴定委托案例整理归档后,急匆匆地准备奔赴聚会,去完成下一个任务。

"易主任,易主任。"办公室门还没来得及关上,一高一矮两个汉子从走道的一头小跑着过来。

"易主任,请留步!"高个的年轻人气喘吁吁,示意我等一等。矮个的中年人右手打着石膏绷带,左手挎着马甲袋,头上沁着细密的汗珠,喘着大气将马甲袋递给高个的青年。

"易主任,耽搁点你的时间,请帮我看看病历资料、这几张片子……"我颦了一下眉,但旋即微微一笑,把两位请进办公室,没办法,看来只能回头向聚会的亲朋们告罪了。

扑朔迷离的骨折

"易主任,我们是兜了一个大圈才找到你这边,我们要做医疗事故技术鉴定,你可得为我做主!"一进门矮个的中年人抢着说道,"你看,我受了四个多月的罪,吃了那么多苦。我得要他们赔偿!"

年轻人有些口吃,脸憋得通红,赶着紧地插话:"四个多月,天知道你是怎么弄伤的,叫谁赔偿?"

矮个的中年人急了:"从那次烫伤后,我就没有动过,怎么会弄伤呢,说话要凭良心。反正不是你就是医院,你们合伙骗我,我就找你们。"

"说话要凭良心,怎么骨折的,你心里最清楚。"年轻人不屑地说道。

"不要争吵,坐下来喝点水,先说说事情的经过,我可能会给你们一个好的解决问题的建议。"看着两人脸红气促地相持,我对他们说道。

二人气冲冲地坐了下来,仍然不忘时不时地斗上两句嘴。窗外寒风愈发凄厉,我为两位不速之客倒上热茶,三人围坐在沙发上,距离渐渐拉近。我细细地听着两位汉子操着浓重地方口音的争辩,努力拨弄清楚事情的来龙去脉。原来矮个的中年和高个的青年既是叔侄,又是伙计与老板。年轻人小周有闯劲,中专毕业后若干年,凭着苦心积累的点滴资本,在本市郊区开办了小型冶炼作坊。人手不够,就把老家堂叔老周请来帮忙,这一干已经有两年多。小周敢打敢拼,老周做事实诚,两代人在他乡创业,小作坊倒也经营得有声有色。

可万万没有想到，六月初的一声闷响，却打破了叔侄间的平静，对此，老周记忆犹新。老周说："那天正好是我当班，负责冶炼铜水以赶做一批铸件。由于活很紧，在投料过程中没把握好时间点，反应釜突然爆炸，飞溅的铜水霎时烫伤了我的手腕和小腿。"

听到这儿，小周再也沉不住气了，他腾地站起来，带着几分愤懑："哪里有什么爆炸事故，只不过是你投料不当造成的铜水反应过度而已。"小周显然不同意爆炸事故这一说，他顿了顿，带着几分哭腔说道："铜的熔点为1 083 ℃，要是铜水反应釜爆炸，你的人都不知道到哪儿去了。再说你的手烫伤后，我马上送你到医院去看，此后，一天不落地带你检查、清理、换药，每个月5 000元生活费，一分不少。"小周说到这，赶忙从随身的包中取出老周烫伤的右手及右小腿治愈后的照片给我看。

只见烫伤部位恢复得相当好。"做过植皮手术吗？"我问道。

"没有！"老周回答得很干脆。我笑道："没有做植皮手术，就能恢复到这个样子，真是了不起！"

"了不起？"老周突然像被电击了一下，气似乎不打一处来，眼睛狠狠地瞪了我一下："是不是你们做医生的，都是手肘子往里拐？我还要告主治医生！他们合伙骗我。"我的心中顿时画上了一个大大的问号，明明是烧伤科医生技术高明，在没有植皮的情况下，通过保守治疗，让老周受到严重烫伤的右手奇迹般地康复了。按理说老周对主治医生应该充满感激，为什么他本人又是如此态度？

老周怒气冲冲地说道："这次我不是追究右手腕烫伤的。"我心中的问号再次被放大,不追究右手腕烫伤,还能追究什么?

"易主任,你再看看这些片子和报告,我的手腕是不是骨折了?"说罢,老周递过来厚厚的一叠检查片子和其他资料。我静下心来,仔细查看了他们带来的几张右手腕部影像片及检查报告单。其中一张两个月前外地某医院出具的右手腕 MRI 检查报告单报告:"患者右侧舟状骨、月骨、三角骨及头状骨内异常信号,建议 CT 扫描。"随后另一张本地某医院 CT 平扫检查报告单则清晰地报告:"右腕舟状骨、三角骨陈旧性骨折。"再往细处看,片子中又夹着市内某专科医院的一份出院记录单,入院诊断和出院诊断一致为"右腕舟状骨、三角骨陈旧性骨折",并在住院期间施行了"右舟状骨碎骨摘除肌腱球填塞石膏外固定术",手术非常顺利。看来,这是一起很普通的外伤致腕部骨折诊疗。陈旧性骨折?我心中的问号再次浮现出来。一般,骨折三周之内的被称为新鲜骨折,而三周以后的被称为陈旧性骨折。常人都知道,骨折的痛感是相当剧烈的。奇怪的是,老周所提供的资料中,均没有早期检查的资料,是什么原因让一个人在剧烈的痛感下,一直没有做治疗和处理的?其时间跨度着实令人咂舌。老周对治疗骨折的专科医院也没有意见,那为什么他们如此急吼吼地找到医鉴办呢?我心中的问号再次被扩大。

老周继续怒气冲冲地说道:"当时烫伤时我的右手腕就骨折了,医生不给我检查,和他合伙骗我。现在我花了这么多钱,手腕还是不好,找他们都不认账,说是我自己弄伤的。为这事我多次上访、调解均未达成一致,现在找你们作鉴定。"谈话至此,我终于有点清楚了,原来老周在小周的小作坊里干活时不慎烫伤了右手腕部,经当事医院烧伤科治疗,烫伤痊愈,小周支付了诊疗费用和误工费等，让老周回家休息。两个月后老周感觉右腕部疼痛、不好活动，在当地和本市医院检查，报告右腕部陈旧性骨折，治疗后再次找小周解决费用和工伤事情，小周认为烫伤已经痊愈，当时在医院治疗没有骨折，骨折应该是老周休息期间自己弄伤的。随后，老周找到当事医院要求证明他的骨折是烫伤造成的，医院理所当然地拒绝了他的要求。于是，老周认为是小周和医院合伙骗他，发生了本次涉及患者、医疗机构和用人单位三方的争议。我们仨的话题一下从烫伤转到了陈旧性骨折来，且时间跨度长达两个多月，这戏剧性的转变，是我从业多年没有遇到过的。可陈旧性骨折和烫伤之间又有什么关联呢？

事情的来龙去脉基本理清，我对他俩说："我们办公室负责组织医疗事故技术鉴定，但按照《医疗事故处理条例》的规定，医疗事故是指医疗机构及其医务人员在医疗活动中，违反医疗卫生管理法律、行政法规、部门规章和诊疗护理规范、常规，过失造成患者人身损害的事故。也就是说，医疗事故技术鉴定的当事方指老周你和经治医院，解决的是你们医患双方的争议，鉴定必须要有经治医院的参与。而你们俩之间的争议属于工伤范畴，仅你们俩不能申请医疗事故技术鉴定。"

"那我们的问题就不能解决了？"两人急忙异口同声地问道。

我笑了笑回答道："不是说鉴定不能做，而是必须要有经治医院的参与。告诉你们，申请途径有以下几条，老周可以自己通过区卫生局申请或者和医院一起来这儿申请。当然你们可以向法院提起诉讼，必要的话，法院会委托我们组织医疗损害鉴定。"

"水" 也能砸伤人？

没过多久，老周和当事医院一道前来共同申请了医疗事故技术鉴定，医鉴办很快受理了鉴定，双方交齐鉴定所需的病历资料后随机抽取了鉴定专家。鉴定会举行当日，老周和当事医院医务人员悉数到来，小周身份较特殊，他既是老周的亲属又是雇主，经协商后同意他也一道参加鉴定会。为谨慎起见，本次鉴定会专家组成员阵容庞大，有烧伤科专家，也有骨科专家，更有资深法医。

询问过程中，连烧伤科专家都对老周的恢复情况啧啧称赞，在没有做植皮治疗的情况下，烫伤部位少见瘢痕增生，皮肤恢复良好，而老周的主治医生却非常年轻。可老周不服气了，我的陈旧性骨折就是耽误在这位医生手中。为什么？"因为他从来没有帮我照过 X 光，他不但耽搁了我的病情，还帮工厂掩盖真相。"对此当事医生苦苦一笑，作为一个烧伤科医生，他收治了很多患者。不管是铁水、铜水，还是其他金属溶液，能烫伤人，从来没听说过会砸伤人。再说他是捧着自己的良心在帮助患者，很多烫伤患者收入并不高，不必要的检查他会尽力减少，以减轻负担。给老周治疗过程中，他采用费用最节省的中西医结合的方法，悉心诊治两个多月，老周的恢复也出奇地好，可老周不认前情，反过头来指责他耽误自己的骨折治疗，他感觉有点不可思议。

很显然，问题的焦点出现了：老周认为是医生耽误了自己的骨折治疗，而医生却认为是老周治好烫伤后，后期发生骨折。而问题的线索也渐渐清晰：在六月的某一天，铜水反应釜发生事故，铜水溅出，老周的右手腕被烫伤，通过治疗，烫伤恢复良好，但老周右手腕部却发现陈旧性骨折。关注焦点、排查线索，鉴定组专家的询问开始集中于三个问题：铜水能烫伤人，是否也会砸伤人？老周受伤前右腕关节功能是否良好？老周的烫伤部位和骨折部位是否是同一位置？

专家组对诊疗过程中的细节进行了调查询问后，又反复比对老周右手腕部烫伤后的照片及医学影像片，并进行了现场检查。专家组得出初步结论：老周的烫伤部位和陈旧性骨折部位处于同一区域。而且，经过小周证实，老周烫伤前右手腕功能正常，并处当班状态，这一点也可从其工友处得到证实，老周在医院治疗时，也没有明确的右腕外伤病史。那老周右手腕部陈旧性骨折又是怎么发生的？核心问题还是没有得到答案。

专家组调查的焦点回到了老周烫伤的经过。"周某某，你能不能把你当时受伤的过程详细说说？"专家组补充发问。

"那天是一大锅铜水爆炸，铜水自十米多高处掉落下来，烫伤了我的右手腕。"老周非常肯定地回答道。

专家组如梦方醒，连忙打断他："停！停！一大锅铜水爆炸，铜水自十米多高处掉落下来，是这样的吗？"这一事实得到老周和小周的认可。到此，水落石出，问题得到了解决：老周工作时反应釜爆炸，铜水溅出有十米多高，而铜水在溅落的过程中，由于铜水自身的重力会产生强大的冲击力，完全可以在烫伤的同时造成骨伤的。

瓜熟蒂落，专家组合议后得出如下分析意见：老周因铜水高处掉落而右手腕部骨折，合并右手腕部、右足等全身多处Ⅲ°烫伤，而烫伤的伤情对其右腕骨折的早期诊疗造成一定影响，并且右手腕部骨折即使早期诊疗仍有存在骨折不愈合等后遗症的可能，故外伤是导致其目前右腕关节功能障碍的主要原因；而医方在老周就诊期间，对其受伤经过询问不仔细，未能详细掌握患者的烧伤、重力致伤的受伤机制，致使未考虑到存在烧伤的同时也存在骨折的可能，未行X线等检查造成未能尽早明确诊断患者右腕骨折，使患者丧失了早期诊疗机会，与患者目前右腕关节功能障碍之间存在一定的因果关系，承担次要责任。专家组向老周、小周和医院三方作了解释说明，三方均表示认同。这一较为复杂的医疗纠纷终于得到了成功化解。

虽是善意，也要周全

医学鉴定组专家的火眼金睛和详尽分析，让当事医生信服了，他疏忽了一点——老周在鉴定现场一直强调反应釜爆炸，铜水溅出有十米多高，而铜水在溅落的过程中，是有可能凝结，并产生强大冲击力的，完全可以在烫伤的同时造成骨折。但此种情况少见，加之当时病人烫伤严重，当事医生对病人的受伤过程没有完全掌握，诊疗的焦点落在烫伤上，未考虑到在烫伤的同时并发骨折的可能，没有安排X线等检查，造成诊断缺失，这才有了后来的一系列矛盾。我们真心不想对医生予以谴责，或许，这真是一次"善意"的失误。在本案中，医方存在检查缺失等过失行为，使得老周没有及时了解病情，在来回奔波中丧失了早期诊疗机会，造成右腕关节功能障碍，医方必须承担一定的责任。

医学鉴定的结果，消除了"烫伤治愈后受伤"的误解，给了老周一个明确的交代,他的情绪缓和了很多。"我不是一个知恩不报的人,我非常感谢我的主治医生,他把我的烫伤治疗得这么好,我也感谢我的堂侄小周,不遗余力地帮助我看病。"老周喃喃地说。

我颔首一笑,不管是小周、老周,还是当事医生,内心中都充盈着善良,当然人无完人,这种善意可能在某种疏忽或无奈中被扭曲,但一场风雨之后,彩虹才会更加美好——看着自己的右腕,老周拍了拍小周的臂膀,两人径直走向当事医生,三个人的手再次握在一起……

善意之失

或许温情是良方

早上，我习惯性地提前二十分钟到达办公室，为一天的工作做好准备。没过多久，就接到了老严的电话："易主任，我听你的劝，不告张主任了，就像你说的，我放下了！"

挂断老严的电话，打开窗户，几缕小毛絮就一头钻了进来，飘飘忽忽地在办公室内巡游。望着这些小家伙，我的心里似乎打翻了五味瓶，思绪也被带到了一年前……

四月，是个迷人的季节，草长莺飞，碧树如妆。这是最好的集结号，街上一早就行人攘攘，尽情吐故纳新，一览无边春色。唯一惹人烦恼的是漫天飞舞的柳絮。这些无孔不入的小家伙，恣意张牙舞爪，一不留神就会钻进你的鼻腔，贼兮兮地使着坏，于是流涕、咳嗽、哮喘，甚至肺炎，一切皆有可能……

倔强的老严

去年这个时节,老严出现在我的办公室里。初见老严,见他中等个头,腰部稍微有点弯曲,头发苍白,面色灰暗,他不停地抚着胸口,显得十分憔悴。一进门,他就对着我吼道:"我要告姓张的,还说是什么知名专家!你们也别串通一气,小心到时候我连你们一起告。"随着一阵咳嗽、喘息,老严的怒吼暂停了下来。

看来又是一个不按套路出牌的当事人,我心里咯噔了一下。我们所从事的工作常常被当事人误解,这我可以理解,但像老严这样一进门就兴师问罪的还真少有。在这样不友好的开场白下,开始了一年多来我和老严的交往。

起初,老严对我充满戒备心理,很难沟通。他自述道:他的肺已不好了十几年,自从八年前慕名找张主任帮他看病后,他就只相信张主任,一有不舒服就找张主任帮他看病。三年前感冒了,他觉得病又加重了,于是又找到张主任。但这次张主任非常"固执",当时并没有"对症下药",只为他开了口服药治疗,而决不采用"输液挂水"来控制病情,也没有做肺部CT检查,以至于他的病"一误再误"。一年后再次发病,张主任给他做了纤维支气管镜检查,由于做纤维支气管镜的地方疼得无法入睡,他再次找到张主任。这时张主任才开了六天的"舒而欣"输液治疗。至此,张主任在他心目中的形象发生了倒转,张主任从前为他所做的一切都变成了对他的伤害。他认为,张主任这种"不负责任的做法"无异于把他的生命推向黑暗深渊——前前后后八年时间,在张主任的治疗

或许温情是良方

下，他由"普通的肺炎"，急剧恶化为"肺气肿、两肺慢性炎症伴纤维化，胸膜增厚"。眼看病情加剧，老严自己辗转南京、上海等多家医院求治，可年复一年，再好的医生也没有本事看好他的病——发病以来，他四处求医，等来的不是病愈的喜悦，而是每日"胸痛、咳嗽、透不过气"的折磨。老严认为，他现在的痛苦，都是张主任埋下的祸根。让他想不通的是，自己为人和善，和专家无冤无仇，专家为什么要这样"残害"他？

对于老严明显前后矛盾的诉说，我听着纳闷，对他表达出来的想法很难理解。想看看他的病历资料，他如宝贝一样装在袋子里，不让我碰。无奈，我只有转换话题，有一句没一句地试着和他交谈，最终取得了他的初步信任。他终于打开袋子，掏出来厚厚的一沓病历资料，有门诊病历、出院记录，也有检查报告单，就诊记录时长达八年之久。

一个小时过去了，我终于大体上了解了老严的病情和诊疗过程。历年的病例清楚地显示，老严所患疾病是典型的慢性支气管炎、支气管扩张。支气管扩张是支气管及其周围肺组织慢性化脓性炎症和纤维化，使支气管壁的肌肉和弹性组织遭到破坏，导致支气管变形及持久扩张。典型的症状有慢性咳嗽、咳大量脓痰和反复咯血。主要致病因素为支气管感染、阻塞和牵拉，部分有先天遗传因素。患者多有麻疹、百日咳、肺结核或支气管肺炎等病史。支气管扩张的病理改变常常是位于段或亚段支气管管壁的破坏和炎性改变，受累管壁的结构，包括软骨、肌肉和弹性组织遭到破坏，被纤维组织替代。扩张的支气管内可积聚稠厚脓性分泌物，其外周气道也往往被分泌物阻塞或被纤维组织闭塞。支气管扩张病程多呈慢性经过，且治疗手段不多，主要包括提高免疫力、控制感染和改善临床症状等。目前的医学治疗手段只能减缓病情进程，缓解症状，无法彻底治愈。因此，老严目前所患的支气管扩张、肺局部纤维化、肺气肿及双侧胸膜肥厚等疾病是他自身疾病发展的结果。而张主任的诊断、治疗没有什么不当。

病痛无法治愈，只能减缓进程，缓解症状，这对于一位病人来说是残酷的。我想，老严要求组织医疗事故鉴定，追究张主任的"责任"，某种程度上是老严对自己所患疾病缺少认识而寻求心理平衡和释放。从老严提供的历年就诊病历资料来看，医生在诊疗上没有瑕疵。如果组织医疗事故鉴定，结果可以预见，老严或许会经历更多不解、纠结与痛苦。面对这样一个在疾病中挣扎了十几年的病人，作为医疗鉴定工作者，在"本分"之外，似乎还要为他做些"分外之事"，帮助他理解病因，缓解病情，减少痛苦，消除心病——此路虽难，但我要走一走。于是，我从医疗事故的构成要件、他的病情和医生的诊疗等多方面循循诱导，试图化解他心中的结，让他放弃医疗事故技术鉴定，让他放下这沉重的负担，继续治疗疾病。当日，初次的劝说无疾而终，老严气呼呼地说了声："这事没完，我还会再来的，我就不信没有说理的地方！"随后离开办公室。

有故事的老严

随后的一段日子里，老严隔三差五地来我们办公室，反映一些张主任怎么"残害"他的过程，时不时地提供一些自认为很重要的

"证据"。随着接触次数增多，老严也渐渐对我敞开了心扉，谈一些自己的往事。他是一个有故事的人。

老严是一位好人。20 世纪 60 年代末，他初中还没有毕业，作为知青和同学一道到本市一个郊县下乡。那时交通很不便利，虽在本市，离家只有一百多公里，一年到头也难得回趟家，老严干活总是最积极的那一个，也是最愿意帮助同学的那一个。那年春节前，老严开始咳嗽、发低烧，以为是感冒，随便吃了点药，可总是不好。回家过完春节后，老严咳嗽愈加厉害，痰中有血丝，在父母的"押送"下才到市医院治疗，经检查才知道他感染肺结核。经治疗，肺结核病情控制住了，但老严的身体大不如以前，一有伤风感冒就咳嗽好长时间，干点重体力活就气喘吁吁。政府照顾他，让他提前回城后，在离家较近的一个百货门市部做售货员，工作比较轻松，这一干直到退休。他住在工人新村，小区虽老，但邻里关系很和谐。退休后老严闲不住，想想闲着也是白闲着，还不如干点有意义的事，便在自家小区做门卫兼保洁。小区旁有所小学，很多孩子和小区门卫老严成了至交。"严爷爷好！"孩子们银铃般清脆的问候，成了老严一天最好的礼物。他总是笑眯眯地应着："好小佬，在学校里多拿小红花，爷爷奖励糖果吃！"老老小小乐呵呵应答，回旋在人们心窝里，特别暖和。小区临河，河畔遍植柳树，烟笼水岸，映带左右，成了一道独特的风景，但飞絮季节，居民不敢开窗，不敢出门散步，老严也特别忙。为了减轻飞絮对孩子和居民的坏影响，他会及时清扫地面上的"残余分子"，常常弄得满身毛球，俨然成了"白毛爷爷"。

老严又是一位固执的人。年轻时的老严自尊心强，干事很有主见，随着年龄的增长，渐渐变得有点固执。退休后，他愈加固执，在家里是绝对的"一家之主"，什么事都要他说了算，儿子有时还跟他为此争上几句，老伴就没有说话的资格了。

就拿这次他要告为他看病的张主任这件事来说吧，年轻时他就患过肺结核病，十多年前出现反复咳嗽、咳黄痰、气喘等症状。每年飞絮时节，老严咳嗽、咳痰的"老病根"总会不期而至，人经常被折腾得夜不能寐。可倔强要强的老严，总想着扛一扛病就能过去，从未到医院系统检查治疗，经常自个儿到药店配了抗生素服用，病情反反复复，一拖就是五六年。十年前四月的某天，老严感冒后突然剧烈咳嗽、咳痰，症状明显加重。"久病成医"，他自作主张，加大感冒药、消炎药和止咳药的药量，但猛药之下咳嗽、咳痰却不见好转，反而愈发厉害，出现胸痛不适的症状。家人瞅着不行，连哄带骗地拉着他到医院检查。不查不知道，一查吓一跳：老严被确诊为慢性支气管炎、两肺支气管扩张伴感染，右肺中叶综合征，两侧胸腔积液，两肺局部纤维化。当时住院二十多天后，老严病情刚有所好转，他就急着要出院。医生没办法只得交代他要注意身体，防止感冒，如有不适门诊随访治疗。八年前，老严自从慕名找张主任帮他看病后，一有不舒服就找张主任帮他看病，在张主任的精心治疗下他的病情得到了控制。就因为这一次张主任不采用"输液挂水"给他治病，他便认为张主任对他不负责任，将张主任对他八年来的帮助全盘否定，多次找医院和张主任讨要说法，没能得到自认为满意的答复后，又要告张主任。老伴和儿子都觉得对不住张主任，试着劝了几次遭到他的痛骂后，只能由着老严瞎折腾。

想通了的老严

老严是一位自以为是、固执的老人,也是一位可怜的老人,同时他又是一位热心帮助他人的好人。多年病痛无法治愈,从躯体上、心理上都带给他深深的伤害,这对他来说是残酷的。面对老严这样一个在疾病中挣扎了十几年的病人,作为医疗鉴定工作者,我深深知道最好的鉴定就是不做鉴定,打开老严的心结。这就是一年来我努力奋斗的目标。

此后半年多时间中,我渐渐成了老严无话不谈的好朋友,他有事没事总喜欢找我或和我通个电话,聊一聊生活、病情,当然还有他要做鉴定的事。我一边想方设法"延缓""阻止"启动他的医疗事故技术鉴定,一边与他谈论他的病情及治疗,甚至,替他寻找、打印与他疾病有关的医学文献资料和医疗保健信息,使他能够正确认识、面对自身疾病,帮助他舒缓情绪,打开他的心结。功夫不负有心人,通过一系列努力,老严对自己的疾病有了新的认识,心结慢慢地打开了,他的心情平和了很多;对张主任的抱怨少了,本人更加配合医生的治疗;老严的家人对他病情也更加清楚,在饮食起居等方面给他更细微的照顾。后来老严的身体状态、精神状态都比之前好了不少。终于,我等到了期盼已久的这句话——"我放下了!"是的,有时对别人的"放下",不正是放下了自己沉重的包袱。挂断老严的电话后,我站立了好久,看着窗户外碧树如妆,一片生机盎然,婀娜多姿的垂柳伸出长长的枝条倒映在运河岸边。正如这惹人烦恼的漫天飞舞的柳絮,它在带给我们烦恼的同时,不正是它美化了我们的城市,带给了我们希望。

笔 者 感 言

这是我处理的最特殊的一起"医疗事故技术鉴定"案例，请原谅我的剑走偏锋，但我想，温情一片也是医疗鉴定的另一种动人光影。

十几年来，我们办公室接待像老严这样的患者不在少数，他们大都长期遭受病患折磨，缺少关爱，对自己所患疾病缺少认识。在长期的医患接触中，由于医生有时有意无意的某一句话或某一表情，医生便成了他们寻求心理平衡和释放怨气的对象。此类纠纷，医生在诊疗行为上常常并没有过失或过错，医疗事故鉴定或者医疗损害鉴定不但不能解决问题，恰恰相反鉴定后会进一步激化矛盾。他们常认为鉴定专家替医生开脱，不支持"公道"，由此在医患矛盾的基础上产生鉴患矛盾，进而引起上访、无理取闹。此类医患纠纷解决的钥匙是安慰、温情。首先，亲情是最好的良药，家人的关爱是病人重拾生活信心、乐趣的最佳途径。"有时去治愈；常常去帮助；总是去安慰。"这是长眠在纽约东北部的撒拉纳克湖畔的特鲁多医生的墓志铭，它总括了医学之功，说明了医学做过什么、能做什么和该做什么，同时它也告诉人们，医生的职责不仅仅是治疗、治愈，更多的是帮助、安慰。目前，虽然医疗水平有了明显提高，但仍有许多疾病、许多病人不能得到理想的治疗效果，这就要求我们医务人员在日常工作中，除了规范行医外，更要加强与患者及其亲属的有效沟通，给予患者更多的关爱。作为医疗鉴定工作者，在公平、公开、公正、科学地做好每一例鉴定工作之外，在遇到像老严的这种情况时，还

或许温情是良方

要为他们做些"分外之事",给予他们温情、关爱,取得他们的信任,帮助他们消除心病,让他们放下这沉重的负担,继续治疗疾病,重回正常生活。

"极简"的病历与"跛腿"的孩子

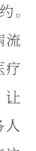

这是一个"极简主义"的时代。崇尚欲望极简、信息极简、表达极简、工作极简……，崇尚去除冗杂和烦琐，追求高效和简约。作为医务工作者，我们也在有意无意地碰触"极简"：简化看病流程、严控抗生素滥用、二级以上公立医院检查结果互认，这些医疗改革中衍射出的"极简"光芒，正深刻影响着百姓的就医方式，让人为之喝彩。但不可回避的是，在实际工作中，也有极少数医务人员在"极简"思维中走偏，甚至惹出了医患纠纷。在我案头就有这么一份"极简"的门诊病历——无主诉、无现病史、无症状、无体征及相关辅助检查，极简到仅有三个字的诊断结果和用药。这么一份特殊病历，个中曲折，不妨听一听我在一次医疗安全工作研讨会上曾讲过的一个故事。

"跛腿"的孩子

去年大暑,一个满头是汗的瘦高个男人,紧紧抱着一个两岁不到的小男孩,急吼吼地赶到医鉴办,一位瘦小的年轻女子拎着包紧紧地跟在男人身后。男人上气不接下气,喉咙似乎已被焦灼的心情和炎热的空气烤干,嘶哑地蹦着断断续续的字符:"我要找……领导,我要……鉴定……我的……孩子……腿给……治跛了!"

男人小赵,女子小王,是一对小夫妻,在本市某镇开一个小超市。小赵怀里紧抱的小男孩,是他们的第一个孩子,名叫贝贝,刚满二十个月。

我为小夫妻俩各倒了一杯凉开水,对他们说:"不要急,天热,先喝点水,有话好好说。"

"医院瞎打针,把我儿子的腿给打坏了,他们要为我儿子的一辈子负责。"小赵喝了一口水,怒气冲冲地说道。

此时,贪玩的贝贝东瞧西望,好像对新环境充满好奇,挣脱开爸爸紧搂的双臂下地,在办公室的空地上到处乱跑、探秘。贝贝的左腿明显有点跛,走路一瘸一拐的,几次差点跌倒。小王不敢有丝毫的松懈,猫着腰紧紧跟在儿子身后,生怕孩子跌倒,伸出双手随时准备搀扶儿子。贝贝穿着开裆裤,胖嘟嘟的小屁屁大半露在外面,稍微留点神,便能发现贝贝左侧屁屁明显肿胀、青紫。

"孩子的左半边屁股……"我转身向小赵问道。

不等我说完,小赵就"嗖"地放下手中的纸杯,焦急地说:"我儿子这是被那医院、医生整的啊!"

我给他续上一杯水,说道:"别急!具体咋回事,慢慢说。"

小赵一口气把水喝完,平定了一下情绪继续说道:"三个月前,孩子一岁半,晚上不好好睡觉,有时哭闹,我和孩子妈妈心里不踏实,第二天一大早就带他去了趟镇上的医院。那天医院里病人多,医生很忙,给我儿子看病的是一位老医生,我们很放心。医生问了一下孩子的情况,我们说孩子睡眠不好、哭闹。医生说这是缺钙,小孩子很常见,就给我儿子开了两天的药,又是挂水,又是打针。"

小赵边说边迅速从包里抽出了孩子的门诊病历本,拿给我看。我接过病历本仔细一看,好简单的记录啊!病历本的第一页上寥寥数笔,没有记录主诉、现病史、症状、体征及相关辅助检查,只有:"诊断:低钙血症。治疗:①10%葡萄糖 60 ml＋10%葡萄糖酸钙 10 ml 静滴,1 次/天×2 天;②鲁米那(苯巴比妥)35 mg 肌注,1 次/天×2 天。"

"后来呢?"我皱了皱眉继续看病历,示意他继续说。

"孩子还那么小,打第二针后孩子不怎么走路,起初我们也没在意。大概是第四天,我老婆给儿子脱裤子时,发现他左边屁股打针的地方肿了个大包。我们马上领着孩子到医院去问咋回事,他们说不要紧,用热毛巾敷敷就好了。我们回家敷了几天,不但不见好,反而越来越严重,孩子走路都一跛一跛的了。我们想,一定是打针时打错位置把神经打坏了。为了看儿子的病,此后一个多月我们一家三口上海、北京、南京都跑遍了。没有好办法,病情越来越重。回到常州讨个说法,医院还说这是我们自己弄的,你说这医院是什么意思?"小赵越说越急。

"我们也咨询了其他医生,他们说'低钙症'诊断太草率,还说鲁米那是镇静药,不能随便给小孩子用。易主任,你说医院凭什么诊断我儿子有什么'低钙症'？就算是'低钙症'也不能用镇定药啊！"小赵说得激动，声音都有些颤抖。

从常理来说打两次肌肉针，打坏神经的可能性几乎没有。于是，我伸手拍了拍他的背，安慰道："别激动，事情总会解决的！我再看看孩子后来的检查资料。"后续孩子做过的检查只有超声和MRI各一次，超声检查提示"左臀部皮下肿块"，MRI检查报告"未见异常"，这些都不能提供有价值的线索。

"孩子有没有做过肌电图检查？"我问道，两口子都摇摇头。

我想看看贝贝左侧屁屁和左腿的情况，小家伙有点怕生，使劲地往妈妈怀里挤。对付这样的小家伙我很有心得，转身从办公桌抽屉里拿出让他们上钩的"鱼饵"。没过一会儿，小家伙抵不住诱惑，放松警惕，一瘸一拐地走了过来。贝贝左侧臀部外上侧明显肿胀，有点青紫，但大腿、小腿，直到小脚丫子的活动都是好的。神经应该没有问题，只是左侧臀部肿胀处疼痛，让小家伙走路一瘸一拐的，好好治疗应该能恢复的。

"打针时打错位置把神经打坏的可能性很小，你儿子不好好走路可能是其他原因，现在才三个多月，还有恢复的希望。目前最重要的问题是孩子的治疗和康复不能耽搁。如果你们还不放心可以做一个肌电图检查，如果是神经损伤应该能发现的。"看着他们怀疑的眼神，我继续说道："我建议你们继续领孩子做康复治疗，保留好就诊的病历资料。治疗结束后，如果和医院协商解决不成功，再来我们办公室申请鉴定吧！"

小赵和小王带着贝贝半信半疑地离开了办公室。随后的半年时间里夫妻俩带着儿子继续做康复治疗。

"极简" 的病历

半年后，医鉴办接到法院关于贝贝的医疗损害鉴定委托书，经审核委托事由和鉴定材料，三日之后办公室发出了受理通知。半个月后，按照鉴定程序，医鉴办召集了医患双方当事人协商确定专家鉴定组。当天，小赵一家三口早早来到办公室，小赵和小王脸上的焦虑、担忧少了许多，人也精神了许多。已经两岁半的贝贝个头较上次明显高了，更加调皮了，一进门，对办公室的一切仍然感到新奇，一刻不停地到处奔跑。我注意到，虽然孩子的步态还稍欠平稳，但无明显跛行。我看了看小家伙左侧屁屁，上次明显可见的肿胀、青紫已消失，用手摸摸无压痛，也没有明显包块。

我微笑着向小夫妻俩问道："看起来，孩子恢复得还不错啊。"

小赵亲了亲贝贝胖乎乎的脸颊，憨憨地说："易主任，还好上次听了你的话，经过这半年的康复治疗，孩子的腿基本上好了，这下我们放心多了。现在就是诊疗费用的问题，我们和医院谈不拢，没办法向法院起诉，还得麻烦你们，你说专家会公正地给我们一个说法吗？"

我微微一笑，拍了拍他的肩膀，安慰他："放轻松，孩子的病恢复得很理想，这是我们包括医院都期望的结果，至于鉴定结果，相信鉴定专家一定会把事情的真相找出来，给你们和医院一个客观、公正的结论的！"随后根据相关规定，小赵和医院的代表随机选取了本次鉴定的专家成员，一切安排妥当后，小赵一家和医院的代表一同离开了办公室。

时隔十日，鉴定会如期举行。小赵一家和医院的代表一同参加了鉴定会。鉴定会上,当事医院代表观点很明确:"当时患儿以睡眠不好、哭闹就诊,我们诊断'低钙症'是正确的,正因为患儿哭闹,鲁米那是可以用的,用药也有指征;我院给患儿打肌肉针的护士有资格证,有多年的工作经验,操作不可能有错;至于患儿后来的跛行、行动不便,就诊前及就诊后是否有其他原因导致损伤,我们不得而知。"

小赵夫妻顿时大怒:"我家儿子被你们两针打成了这样,你们还好意思说没有责任?"

对此,医院代表再次强调:"患儿跛行不能直接推断为我们操作不当所致!"

双方互不相让,现场各执一词。专家组成员查阅了贝贝就诊的"极简"门诊病历,听完双方的陈述后,已经看出问题的症结,开始向院方代表提问:"当事医生首诊时有没有询问患儿的病史,有没有检查体征,有没有进行相关辅助检查?"

院方代表低头想了一会儿,有些尴尬地回答:"可能问了,检查了。"

"那你们看看患儿的门诊病历,有没有相关的记录,"专家不依不饶继续发问,"没有病史、临床表现和化验室检查,那你们凭什么诊断'低钙症'?"

院方代表似乎有些窘迫:"当时患儿的表现就像'低钙症'啊!"

"什么?像?"专家眉头紧蹙。

专家继续发问:"诊断依据不充分,那你们用药的依据又是什么?患儿肌肉注射后,左臀部出现硬结、肿胀,你们又做了什么处理?"院方代表无言以对。

一轮调查询问结束,专家组按程序对贝贝进行了细致的现场检查,孩子左臀部的肿胀已基本消失,左腿活动自如。小赵夫妻提交的贝贝在上海某医院检查的肌电图也显示孩子肌肉及运动神经无异常,排除了贝贝残疾的可能。

"小孩子缺钙是比较常见的,但'低钙症'的诊断要根据病史、典型的临床表现和必要的化验室检查等。我们再看看这本门诊病历,没有病史、症状体征,也没有化验室检查,是不是太草率了。我们都是医生,我们也理解有时门诊病人多,很忙。但是该做的、该写的不能简化,还有,肌肉针后四天,家长就发现孩子打针处皮下肿了个大包,又没有其他原因,这不是肌肉注射后引起的还能是什么!好在孩子现在基本上好了,没有残疾。我们一定要吸取教训!"专家组语重心长地对医院代表提出了建议。

至此,专家组分析认为:患儿曾出现的左臀部局部肿胀、疼痛和左下肢跛行等症状是因为在医院肌肉注射用药及注射方式不当造成的;而医院在贝贝就诊时的"极简"门诊病历中没有主诉、现病史、临床症状体征及相关辅助检查等记录,"低钙症"诊断依据不充分,用药没有依据;贝贝肌肉注射后出现皮下肿胀后医院没有及时给予相应处理,应当为贝贝不良后果负责。

尾 声

在那次医疗安全工作研讨会上,听完我的讲解,几位参会者显得有些震惊。

老王问:"那后来呢?"

"后来啊,当事医院拿到了专家鉴定组的鉴定意见,看句句在理,也就接受了;当日小赵和妻子也没有什么异议,医患双方接受了鉴定结论。此后,医院方面也以此为鉴,从抓病历书写这样的基础工作着手,进一步规范医生的诊疗流程。"

"那孩子呢?孩子后来怎么样了?"初为人父的小曹听了这故事感同身受,急切地想要知道。

"孩子现在一切都好,前段时间小赵还把孩子带过来了,非常活泼可爱。"我微笑着回道。小曹松了口气:"那就好,那就好!"

我笑了笑,继续开口:"所以啊,别老抱怨患者不理解医生工作,患者给我们信任,我们就要加倍尊重患者,而尊重的要素就是规范、细致与严谨的诊治!"

老王颔首回应:"诊病治病,剑走偏锋的'极简主义'真是要不得。"

屋外天微微黑了下来,街道两旁路灯亮了起来,灯光微黄,人情暖暖……

笔 者 感 言

"夫医药为用,性命所系,和扁至妙,犹或加思,仲景明审,亦候形证。一毫有疑,则考校以求验。"——王叔和《脉经·序》。医者的诊疗行为关乎病人的性命,古人尚且要求望闻问切,辨证清楚之后才能对症下药,我们后来者更需谨慎、严谨,来不得半点"简约"。诊疗行为体现在详细询问病史、准确掌握症状和体征的基础上，必要时辅以辅助检查，以尽可能地取得明确诊断，方可治疗。而病历是体现医生诊疗经过的唯一载体，病历书写是指医务人员通过问诊、查体、辅助检查、诊断、治疗、护理等医疗活动获得有关资料，并进行归纳、分析、整理，形成医疗活动记录的行为。《病历书写基本规范》要求病历书写应当客观、真实、准确、及时、完整、规范。对于门诊初诊病历记录书写内容应当包括就诊时间、科别、主诉、现病史、既往史，阳性体征、必要的阴性体征和辅助检查结果，诊断及治疗意见和医师签名等。像本案例这样"极简"的门诊病历——无主诉、无现病史、无症状、无体征及相关辅助检查，极简到仅有三个字的诊断结果和用药是要不得的。

医鉴有尺　情理有度

这是一例发生在十二年前的医疗纠纷案例。众所周知，当时由于医疗纠纷处理途径欠通畅、法制还不甚健全等，"不闹不赔，小闹少赔，大闹多赔"的畸形解决医疗纠纷的思维很有市场。这致使"医闹"盛行，扰乱了正常的医疗秩序，给医患双方和社会公平、正义带来了深深的伤害。这一例医疗行为并未造成严重不良后果，而患者和家属却提出"赔偿金100万，一分不能少！"的医疗纠纷案例就发生在"医闹"盛行的背景之下。

不速之客

"谁是这里的负责人？"门被"砰"地推开，伴着一声沙哑的质问，猛地把埋头整理鉴定材料的我从白纸黑字的资料堆中拉了出来。

我推了一下眼镜，抬起头，只见两个中年男女已满脸怒容地跨进办公室。男人扫视四周，见办公室中只有我一人，声音又提高了八度："你就是这里的负责人？"随即用脚踹了一下茶几，拉着身边的女人一屁股坐在沙发上。可能感觉这样气势汹汹有所不妥，女人拉了拉男人的衣襟，给他使了个眼色。男人点了一支烟，猛吸一口，随即吐了出来，顺手从手提袋中拿出一沓资料，甩在茶几上。浓浓的烟圈朝我扑腾过来，办公室内暂归沉寂。我站起身，为他俩都泡了杯热茶。

"我姓易，是这儿的负责人。来，先喝口茶，有事咱慢慢说！"我微笑着把茶递到他们面前。

女人欠身接过茶杯，努力地挤出一点笑容，将一叠资料推到我面前说道："易主任，你先看看这些病历资料。"男人瞥了一眼，颜容依旧严肃，还是自顾自地抽烟，浓浓的味道弥散开来。

我皱皱眉头，挪了一张凳子在他们对面坐下，开始翻看他们甩在茶几上的资料。这是一叠妇科门诊病历资料，病历显示：患者李某，42岁，因"停经2+月，恶心、厌食20天"于去年10月中旬至本市某镇卫生院就诊，其末次月经为去年8月下旬，B超提示"宫腔内可见胚囊回声36 cm×36 cm，可见胚芽及心血管波动"；门诊诊断为：早孕，阴道炎；予"甲硝唑"等治疗。两个星期后，李某再次到镇卫生院，并要求实施无痛人流；查体温37.3 ℃，予无痛人流术。四天后，李某因"人流术后四天伴小腹疼痛"第三次到卫生院就诊，诊断为"盆腔炎，子宫复旧欠佳"，后行清宫术。术后李某仍然感觉不舒服，较长时间到南京、上海和本地多家医院诊治，被诊断为"附件炎、子宫内膜炎、慢性宫颈炎"等，予对症治疗。

从病历资料上看，患者李某的病程并不复杂：早孕，且患有阴道炎，行无痛人流后感觉种种不适，后行清宫术后，又被诊出附件炎、子宫内膜炎等。我预判，操作医生对李某原有疾病阴道炎的治疗不彻底，可能与李某手术后发生盆腔炎等问题关联较大。但也没有给患者造成多大伤害，应该可以协商解决，而患者丈夫态度为何如此？

看来中间应该有什么误解。"资料我看了，说说什么情况！"我放下手中的病历资料，对他们说。

"赔偿金100万，一分不能少！"

男人掐灭烟头，声音稍稍缓和了些："我老婆遭这罪，吃药、吊水、做手术不说，连我们夫妻生活都受影响。你是专家，你看看，这得赔我们多少钱？"

听到自己男人发了话，李某也放下茶杯，眼睛泛红，口气却很坚决："我这罪受得不轻浅，以后也不会好了，你要是不给我行个公道，我们和你没完。"

好家伙！夫妻双方一唱一和，单刀直入，不谈鉴定，直接谈钱、找麻烦、威胁。"可能是你们还对我们办公室的职能不了解。我们医疗事故技术鉴定办公室是负责组织鉴定的，至于钱的问题你可以通过协商解决，协商不成你们可以通过诉讼解决啊！"

"不瞒你说，我们前面去找过卫生院多次，卫生院后来也找了个专家为我老婆复查过。但是我不相信那个专家，天下乌鸦一般黑，不把钱赔到位，没完！"男人的声音再次提高八度，"我老婆的赔偿金100万，一分不能少！我正找着那个专家，她如果做伪证，帮卫生院逃避责任，我就天天到她那里去报到！"

我没动声色,抿了一口水。他口中的专家,是本市一位德高望重的著名妇科专家,从事医疗鉴定多年。我心里很清楚,这对夫妻的思维几乎僵化,他们的目的很简单,就是"把事闹大,把钱赔'到位'"。

我起身,为他俩续水,笑道:"别急!缓缓神,谁也不愿意自己的爱人受委屈,事情总有解决的途径,不要太激动,激动可解决不了问题。"

男人突然把烟一甩,吼了起来:"我来找你,就是要解决问题!不解决,我俩就到你家去吃饭。"李某也开着腔:"为了解决这问题,我们这段时间可没少跑卫生院和镇政府,他们说先要做医学鉴定。一大早我就出了门,现在我还饿着肚子呢。"

我一看点,已经到了吃饭的钟点,笑道:"行,吃饱肚子好办事,咱三人先把肚子填饱再说。"于是自掏腰包,点了三份快餐。

破 冰

快餐很快送到,凝滞的空气中飘进了食物的香味,男人瞥了一眼,板硬的脸上竟然爬上了一丝笑意:"领导,真没想到,你还真给我们点了餐!"

女人也搓着手,应道:"是呀,领导,我俩也不真是要蹭饭,你看,我自己还准备着面包呢。"

我招呼着他们:"别叫我领导,我就是为你们医患双方合理、依法解决医疗纠纷服务的,在外办事不容易。秋凉了,吃口热的舒服,来,趁热!"边说边把外卖推到他们面前,夫妻俩也饿了,推谢了就美美地吃起来。

人的情感就是这么微妙。拉近人和人之间的距离，有时候就在于一个小小的举动。这一次，一份小小的外卖，竟然成了打开夫妻俩心结的一个关键。

吃饭的时候，我做了自我介绍："我姓易，是医疗鉴定办的主任，你们叫我老易就成。"

"呵，易主任，我男人是个直性子，讲话就这样横冲直撞的，不要往心里去。"女人先打了个圆场，随即又叹起苦经："我俩千里迢迢到常州来打工，钱没赚到多少，我给卫生院这一折腾，倒弄了一堆毛病，我还上有老下有小的，不要个100万不就亏大了吗？你说说，是不是这个理？"

男人也帮着腔："易主任，看来你是个好人，我们乡下人不懂医，碰到这事你说不蛮不横，那些卫生院的头头脑脑会搭理我们吗？"

见他们慢慢敞开了心扉，我顺势引导："现在可是法治社会，做事总归讲个有理有据，否则，你的权益谁来帮你主张呢？光凭吵闹可解决不了问题啊！"

"嗯！"女人几乎带着哭腔，"我们也知道这个理，要不也不会来找你。"

慢慢地，随着和他们的交谈，从他们的话中我逐渐清楚，为了解决纠纷，他俩已经数次到卫生院所在地的镇政府上访，镇里已召开多次协调会，卫生院也请了著名妇科专家为李某做后续治疗，但对赔偿额的分歧太大，一直没有拿出让双方满意的解决方案。其间，卫生院当事医生和负责人受到过李某夫妇人身攻击，李某丈夫已被行政拘留过一次。

终于把问题的来龙去脉搞清一点眉目,我心里也渐渐有了底,便放下筷子,起身从书柜里取出一套《医疗事故处理条例》《医疗事故技术鉴定暂行办法》和《医疗事故分级标准(试行)》打印材料递给夫妻俩,笑道:"我们都是普通百姓,只不过从事的工作不一样而已。我负责组织医疗事故技术鉴定,鉴定专家通过他们的专业知识公开、公平的分析,就是要为医患双方提供一个公正、科学的专业意见,是你们依法维权的重要依据,你们看,这些书籍资料就是我们的工作依据。"

我又肯定地告诉他们:"我非常理解你们的心情,但采取任何蛮横或者暴力的方式,是解决不了问题的,反而会使得自己更为被动,更受伤害。只有理性地对待问题,依法办事,才能谋求问题妥善处理。"

男人使劲地扒了两口饭,猛地抬起头来:"易主任,我今天听你一回,你看,如果走医疗鉴定程序,我俩该怎么办?"

回归理性的路

饭后,我为李某夫妇讲解了医疗事故技术鉴定的申请、受理、提交材料及专家的随机抽取等组织程序,并详尽告知他们需要补充的其他相关资料,以备鉴定之用。李某夫妇认真做了记录,回家后根据我的建议,补充相关材料,并向法院提出医疗事故诉讼申请。

收到法院鉴定委托书后,医鉴办审核委托事由和鉴定材料,并正式发出受理通知。鉴定会如期举行,专家组由三名妇科专家和两名法医专家组成。鉴定会上，李某夫妇和镇卫生院的代表分别进行了陈述、答辩，专家组也对李某进行了现场查体。专家认真分析了李某的病情，结合当事医院和患者的陈述，专家经过合议，最后非常明确地指出：虽然医方在实施手术前予静脉抗感染治疗，但医方术前对患者阴道炎治疗不彻底，术前未行诸如血常规等检查排除手术禁忌证；而且医方行清宫术时，没有再次让患者签手术知情同意书，这一系列行为违反了诊疗常规，存在过失。李某在行无痛人流及清宫术后，所发生的附件炎、子宫内膜炎等一系列炎症，与医方的过失行为之间存在因果关系，给患者造成了一定的人身损害。考虑到李某已经生育了子女，且夫妻俩按照计划生育政策不能再生育，结合李某的实际病情，鉴定专家组根据《医疗事故处理条例》第二条和第四条、《医疗事故分级标准（试行）》、《医疗事故技术鉴定暂行办法》第三十五条的规定，最终确定本病例构成四级医疗事故。

"鉴定文书我们会按照要求送到法院，人民法院会根据事故等级、责任程度等给你们一个合理的判决。但根据你们的医疗事故等级，赔偿额可能距离你们期望的100万相差甚远哦！"他们离开办公室时我对他们说道，"当然，按照程序的规定，你们或者医院对本次鉴定结果不满意，也可以申请省级医学会组织再次鉴定。"

医疗事故技术鉴定的结果，给了李某夫妇和医院一个明确的交代。鉴定文书发出四个月后的一天下午，李某夫妇再次来到了我的办公室。男人笑了笑，伸过手来："法院已经判决了，医院赔偿四万多元，是少了点，但我们知道这已经是最好的结果。谢谢你！易主任，帮我解决了一个难题。"

我给他们泡好茶，示意他俩坐下。男人欠了欠身，拉着李某轻轻落座，我笑了笑："是的！但根据医疗事故等级等，赔偿额可能距离你们期望的100万相差甚远。如果你们当时能理性地协商，我相信问题早就解决了。但经历这件事，可见你们夫妻感情真挚，这可是千金难买的唷！"

男人脸微微一红，笑了；女人也"扑哧"一声笑了……

笔 者 感 言

"人生有尺，做人有度。"作为一名医疗鉴定工作者，我也想把这句话引申一下："医鉴有尺，情理有度。"医学是有局限性的，这种局限既来自生命个体的复杂性和不确定性，也来自医生是人不是神的局限性。平心而论，医患双方主观意愿上谁也不希望看到医疗事故（医疗损害）和医疗意外的发生，但由于医学的局限性，一旦问题发生后，我们该怎么办？

在部分医疗纠纷案例中，有些患者及其家属存在很强的"弱者思维"。他们往往"得理不饶人"，表现出"我是弱者我有理"的偏激；他们以不懂法、不懂医为借口，拒绝合法的途径，采取非理性的手段进行"维权"，有的甚至演变成医闹。然而在法制社会，当事人如果只能用愤怒来保护自己，不但不利于问题的解决，更会破坏医患双方信任的建立，其传递出去的伤害也许会带回来更多伤害。

我想，面对问题，医患双方是利益共同体而非对立方。医方不推诿，患者不冲动，合力谋求最佳解决方案，这是医患双方应共同维护的"尺度"。

更深入一层来讲，医方的"尺度"，就是要严格医疗管理，坚守职业道德，增进责任心，精研医术，尽力减轻病患的痛苦；患者的"尺度"，除了积极配合治疗之外，就是要理性地对待和处理可能发生的医疗事故（医疗损害）和医疗意外；而医学鉴定工作者的"尺度"，就是严格遵循鉴定程序，规范鉴定行为，还原事实真相，给医患双方公正的评判。因为法制社会公正的天平不会为"非理性"偏斜。面对医疗纠纷，摒弃弱者思维，回归法律理性，这才是解决问题的应有之道。

青春，容得下一颗蠢蠢欲动的小痘痘

周末，难得放松一下。于是约了三两好友，带上家人，在一家茶舍小叙。

正逢北方新一轮强冷空气来袭，气温骤降。闲坐茶舍，世界被一块大大的落地玻璃隔成了两个世界，屋里厢暖意融融，屋外头寒风萧瑟。还是小孩眼尖，欢叫着："瞧，院外树叶好红！"众人嘿嘿一乐，是株红枫，明艳如火，正在风中跃然舞动。再抬头，凡·高的《向日葵》在屋内一侧高高挂着，明丽的金黄、运动的笔触、夸张的造型，画家毫不掩饰的激情让屋内更加温暖。

我忍不住多注视起《向日葵》，那勃发的生命力，超脱束缚，拨动心弦。而它的作者凡·高是那么特立独行，神秘莫测。狂热、孤独、自残——画、生活、生命——在他的世界里没有边界，"为了它，我拿自己的生命去冒险；由于它，我的理智有一半崩溃了；不过这都没关系……"

小凡·高东东

在我的心中，也住着位小凡·高。初次见到他时，是六年前的一个秋日。

他十七八岁的样子，脸上满布青春痘，清清瘦瘦，长发从前额斜搭下来，外加副大大墨镜，掩住半个脸颊；全身上下都是带洞洞的牛仔，手绘着奇奇怪怪的图案。到医鉴办来的时候，他甚至还背着一个画夹。紧随其后的是位愁眉不展的妇女，卷发、微胖，衣着大方得体，但眼睛泛红，满脸的疲惫。

一进门，小凡·高啥话也没讲，就唰啦啦地把他的画夹打开，将里面的一沓丙烯画自作主张地铺陈在地上，其中就有张临摹凡·高的《向日葵》。他又顺手把墨镜往身后的沙发上一扔，一把撩起头发，旋了个发髻，瞬间一个奇怪小山包就耸立于头顶。随后得意地往沙发上一仰，哈哈大笑。

边上的妇女皱了皱眉毛，想制止，却没有出声。

"你这里是什么画廊？愿意做我的经纪人吗？"他莫名其妙地对我说。

边上的妇女拉了他一把："东东，别瞎扯八道！"

小凡·高像没听见似的继续说："我以后的画也会很值钱。我马上要到法国办画展，以后会很红！"

边上的妇女终于忍不住了，吼了起来："东东，别东经扯到西经，尽瞎闹！妈妈今天是来办正事的！"

东东被妈妈一吼，索性四脚巴拉地躺下。沙发太短，已经装不下一米七几的大个子，他又像虾米似的蜷起来，脸转向里侧，什么话也不说。妇女叹了一口气,愣愣地看着孩子,好久才缓过劲来:"我这孩子,好好的一个小伙子,让治痘痘的医院给毁了。今天,我们就是来讨个说法的。"

"战痘" 小达人的困惑

这边是疲惫无奈的妈妈,那边是情绪反常的孩子,到底发生了什么?尤其是小伙子反常的举止,使我不得不心存疑惑:"不会是精神病吧!"

等小伙子安静下来后,他妈妈抹了一把眼泪说道:"易主任,不好意思。我姓黄,是孩子的母亲,我孩子叫东东,孩子的爸爸经常出差在外。"接下来东东妈妈告诉我,东东本是名品学兼优的孩子,他小学和初中的成绩都不错,不但担任班干部,还特别爱画画,得了不少奖状,是同学心中的美术天才!可情况在东东上高中后发生逆转。高中阶段的学习很紧张,偏文科、爱美术的东东有些吃不消,高一年级期中测试他在班上排名很靠后。孩子的爸爸是本市某企业的高管,对孩子的期望值很高,希望他未来能考金融类院校;加之孩子本身又特别争强好胜,于是不断加压,经常学习到深夜。但大把的时间投入,却没有换来明显进步,他变得极为敏感和自卑,总感觉在同学中抬不起头。高二上半学期开始,东东开始失眠,脸上也爬满了痘痘,本来就注意形象的他,更觉得见不得人,经常独自关在卫生间里挤痘痘。可痘痘却越挤越糟糕,有的甚至发炎溃烂。从此,他坐公交低着头,就怕人家看!在家里奶奶烧个鸡腿、红烧肉什么的,也不愿意多吃一口,就怕痘痘更疯狂!

不久，东东注意到一则某医院治疗痘痘的宣传视频，视频上各种现身说法的好疗效，让他彻底动了心。东东拿出自己平常偷偷积攒的零花钱，自个儿到医院治疗痘痘。东东妈妈拿出的病历，上面记载着：东东因"面鼻部油脂分泌较多，泛发丘疹，有脓性分泌物，病情较重且慢"前来就医；医方诊断："1.痤疮并发毛囊炎；2.酒渣鼻。予以中西医结合治疗。"东东付了1 000多元钱，拿了大包小包的中草药和药膏，满心欢喜，回家按医嘱服用，他似乎看到了希望，精神头也一下好了起来。

服药一个多星期后，东东脸上的痘痘并没有消失，只是有所好转，却突然出现呕吐，并说感觉"心慌、胸闷"，在家说话不知所云，时哭时笑，阴晴不定。爸爸妈妈立即把他就近送往本市另一家综合性医院医治。该医院的就诊病历显示："查体：生命体征平稳，神志清，精神差，言语紊乱，轻微烦躁，对答不切题。双肺呼吸音稍粗，未闻及干湿性啰音，心率约94次/分、心律不齐，无病理性杂音。化验室检查无异常。心电图显示：窦性心动过速。入院诊断：药物中毒？心肌炎？入院后予吸氧、心电监护、营养心肌、减慢心率及保护胃黏膜等治疗。"住院三天后，东东呕吐、心慌、胸闷症状完全缓解，就出院了。出院时医生不忘告诉他父母："孩子可能有心病，最好到专科医生看一下。"

可出院后，东东的父母出于某种顾虑并没有领东东到"专科医生"看病。没过多久东东出现"胡说八道、烦躁、喜怒无常"等病症，而且越发严重，已经没有办法专心学习，不得不休学在家。说到这里，妈妈哭了："好好的一个孩子，给治痘痘的医院毁了，他肯定是药物中毒，把脑筋弄坏了！"

东东的精神症状很明显,"那你们有没有想到孩子可能真的有心病,有没有找专科医生看一看?"我试着问。

"我和我丈夫都好好的,我的孩子从前也好好的,他怎么会有精神病呢!我才不相信他们的鬼话。"东东的母亲一下激动了起来,很快回应道。

"好好!咱们不说这个。我再问你,你们有没有找医院问问,是不是他们的用药有副作用。"

"他们怎么会承认自己用错药了,我们找了好几次,让他们解决,他们理都不理,只是说让我们告去。我们经过打听道你们这儿解决这种问题,就找过来了。"东东的母亲继续说道。

谈话至此,看来医患双方没有协商的余地,我就告诉东东的母亲:"我们这只负责鉴定,要想最终解决你得向法院提起诉讼,到时候我们请专家为你们鉴定。"东东在母亲的拉拽下离开了办公室。

孩子,你到底怎么了?

可怜天下父母心,谁不疼惜自己的孩子?东东这种情况让我也感到非常揪心。但只用了一周的治疗痘痘的药,真的会引发东东这种情绪无常的"副作用"吗?我看未必。

在我的建议下,东东妈妈向辖区法院提出医疗损害排除纠纷的诉讼申请。收到法院医疗损害鉴定的委托书,并对委托事由和鉴定材料认真审核后,我们办公室正式发出受理通知。

医疗鉴定会上,与第一次见面时多话、好动不一样,东东像换了一个人似的,埋着头,耷拉着眼皮,一言不发。这让专家们在医患双方询问阶段遇到了不少的困难。好在我们事先有预案，多次为东东做心理抚慰，让他的情绪有所好转，能简单回答一些问题；专家们梳理了东东发病的过程，也从当事医院的检查、诊断、用药等方面寻找蛛丝马迹，让问题渐渐明朗。

专家组成员分析认为：痤疮及酒渣鼻的治疗包括局部用药、口服抗生素（首选四环素类抗生素，如米诺环素等）及中药等治疗。而医方根据东东"面鼻部油脂分泌较多，泛发丘疹，有脓性分泌物，病情较重且慢"的临床表现，对其做出的"1. 痤疮并发毛囊炎；2. 酒渣鼻"诊断是成立的，予米诺环素药膏及中药治疗有用药指征，所用药物的用法、用量符合用药规范，属合理用药，无过错。

既然医方用药无过错，那么为什么东东服药后会出现"心慌"等不良反应呢？东东爸爸妈妈显然有不同意见。为此，专家组指出：米诺环素的不良反应有消化道反应、过敏反应、肝肾功能损害、前庭功能紊乱及颅内压增高等。东东服药后出现"精神差，呼吸平稳，言语紊乱，轻微烦躁，对答不切题"等症状，其间心电图检查提示窦性心动过速、窦性心律不齐（后续心电图等检查提示正常，其他辅助检查未发现明显异常），考虑为医方所用药物一过性不良反应所致。但没有文献支持东东目前的表现与医方所用药物之间存在关联性。

专家组根据病历资料和现场调查情况，依据医学科学原理，最后得出鉴定意见：无依据表明医方当时对患者所用药物（米诺环素、中药）与其目前情感淡漠、言语少等症状之间存在因果关系。建议患者至专科医院进一步诊疗。

"建议患者至专科医院进一步诊疗"——考虑到孩子和家长的感受,医鉴组专家们很人性化,最后给的建议比较委婉。

但我清楚,这意味着什么。作为医鉴办的主任,我的任务——一场医疗鉴定会的组织协调工作已经圆满结束;但作为另外一个孩子的家长,我意识到,自己还有后续的工作要做,我应该伸出手来,去帮助东东,让他尽快走出灰暗和困惑,去拥抱本该属于自己的朝阳。

鉴定会后,我说服东东的爸爸妈妈带孩子继续就医,并帮助他们联系本市一位德高望重的精神科专家。但不幸的是再次遭到了他们的拒绝。

后 记

两个月后,无意中看到本市晚报上的一篇报道:"昨晚,我市一位高中生跳河自杀,所幸被及时救起,未酿成大祸。事后经调查,孩子妈妈诉说,孩子在我市某中学读高中,因为脸上长青春痘而烦恼,曾在某医院就诊,用药后出现情绪不稳等症状。昨天因琐事与母亲争吵后离家,试图跳河自杀,所幸河水不深。我市某位关注少年儿童身心健康问题的专家指出,青少年处于叛逆期,加上学习等方面的压力,容易出现心理问题,建议关注青少年身心健康。"

什么!不会是东东出事了吧?不会这么巧吧?带着这些疑问,我思考再三,还是打通了东东妈妈的电话。听到东东妈妈的哭声,我一切都明白了。

这次,在残酷的事实面前东东父母终于接受了我的建议,带着

东东到我推荐的本市那位德高望重的精神科专家那里就医。经检查，东东患有典型的"双相情感障碍"。双相情感障碍是指发病以来，既有躁狂发作又有抑郁发作的一种心境障碍。海明威、凡·高、费雯·丽、丘吉尔等都曾深受其扰，连《盗墓笔记》作者南派三叔于2013年也被曝患有这种精神疾病。

　　根据专家解释，步入青春期后，青少年的心理变得隐秘而复杂，加之高考升学压力，因此15～19岁的孩子容易高发双相情感障碍。这种病临床上容易被误诊、漏诊，一些患者从首次发病到确诊竟然花了十多年时间。但这种疾病自杀风险非常高，有资料显示，患者中25%～50%有过自杀行为。东东妈妈说，孩子此前就曾有过一次过激行为，幸好被邻居及时发现，才化解了一场可能发生的悲剧。

　　明确的诊断，就为治愈东东的病痛找到了希望。原本对精神疾病比较避讳的爸爸妈妈，终于接受了孩子患病的事实。此后他们认真听取医生建议，帮助孩子积极接受治疗。在家庭的温暖下，东东从拒绝到积极配合，通过心理与药物双重干预，病情逐渐好转，一年多后重新走上求学之路。现在，东东已经是国内某知名艺术院校的一名本科生。前段时间接到东东妈妈电话，孩子在学校表现优异，去年还得了学院的一等奖学金，今年又得了一个国际平面广告设计大奖，还筹划着开个人设计作品展！

　　外面的风愈加凄烈，而我却似乎看到凡·高的向日葵正变幻为一轮朝日，缓缓东升，阳光里，花正茂草葳蕤！

冷与热

"阴过冬至晴过年",今年的春节天气甚好,阳光充足、北风也不甚刺骨,少了好些泥泞,多了几分青绿。过年几天,我和家人在老家痛痛快快地享受了下自然好风光。最开心的要数家里的小妮子,像放出窝的小鸟,叽叽喳喳,和一群小伙伴们漫山遍野地跑,捉迷藏、放野火,圈养的公主一到大自然的怀抱,立即把矜持丢一边,原形毕露,原本白皙的脸蛋已泛起了枣色的红,我和她妈也乐得放手,这就是童年该有的颜色。

年初五,起身返城,小妮子忙里忙外地收拾着自己的宝贝。除了一大摞好吃的外,她还带了一小口袋各色叶片,紫红的枫叶、金黄的银杏叶、碧翠的松针,特别的是还有好些暗绿色的枫杨树叶和柳树叶。

"这些树叶并不好看呀!"我有些不解。

小妮子很严肃:"爸爸,它们很棒呀!我看到同样一棵树,其他叶片都枯了、蔫了,唯有这几片很顽强!我要用这些叶片给红红做书签。"

看着小妮子严肃又可爱的神情，我情不自禁地想起了红红，默然许久……

好　热！

红红是我结对助学的一个孩子，比小妮子小五六岁。红红没有妈妈，寄养在阿姨家。和其他孩子一般，她也曾拥有过一份炽热的母爱，可那实在太短暂。

红红的爷爷去世早，爸爸是奶奶一手带大的，孤儿寡母，造就了奶奶在村里强势的性格，事情无论大小都要和邻里争个高低。这样的强势在家里也存在，爸爸自小对奶奶言听计从，家里家外事无巨细都是奶奶说了算，爸爸就是一个十足的"妈宝男"。等到爸爸谈婚论嫁的年龄，知道底细的人家避之不及，无人愿意嫁到他家。红红的妈妈老家在数千里之外的山区，来本市一家工厂打工，千里姻缘一线穿，正好爸爸也在同一个车间，一来二去，妈妈就跟着爸爸进了家门。等外公外婆知道后，虽不情愿，但女大不由娘，无奈之下简单地举办了婚礼。

婚后三个月左右，妈妈怀上了红红，奶奶难得地给了妈妈好脸色，对妈妈的态度也好了许多。怀胎十月，瓜熟蒂落，红红顺利出生，红红出生后还未满月，妈妈就在家中一个密不透风的房间中昏厥过去。那是一个溽热的盛夏，知了长鸣，红红出生后母女平安，一家人沉浸在幸福之中。红红的奶奶怕妈妈"受风"，相信产妇应该"捂月子"，家人也没有不同意见，妈妈就在不到十平方米、不开空调的房间里"捂月子",门窗紧闭,深居室内,包头盖被,穿长袖衣、长裤,紧扎袖口、裤脚。起初,妈妈说不舒服,奶奶以谁家坐月子不是这么坐顶了回去。江南的盛夏闷热潮湿,妈妈逐渐出现发热、乏力、胸闷、气急等不适症状,直至体温最高达41℃、神志不清、四肢频繁抽搐。近一天后,家人看到妈妈病情危重,才想到送医院治疗,此时妈妈已毫无意识,浑身抽搐。

120急救车的鸣笛急啸,到达医院,值班医生发现妈妈病情异常危重,很快将其收住重症监护室诊疗,经过系统检查,发现妈妈已是深度昏迷,体温高达42℃、心跳每分钟164次、血压降至56/34 mmHg,双侧瞳孔散大、对光反应消失,刺痛四肢无活动。诊断为"产褥期中暑(重症),多脏器功能衰竭(循环、呼吸、神经、消化、血液、代谢),产褥感染"。妈妈病情异常危重,随时有生命危险,医院组织全院多学科会诊,紧急给予一系列综合抢救治疗,但除了体温有所下降外,没有明显好转。

数天后,红红的外公外婆匆忙从数千里外的老家赶来。赶到重症监护病房外的两位老人,头发花白,脸上爬满了深深的皱纹,衣裳朴素得几近寒碜,行李还没放稳,就冲上来揪住女婿的衣服,一把鼻涕一把眼泪地用家乡话质问女婿。初为人父的小伙子此时一脸茫然,眼泪只会扑簌簌地往下掉,任凭丈母丈人打和骂,一声不吭。约莫过了半个多小时,一位怒气冲冲的老妇人直奔人群而来,调高嗓门,快枪似的用家乡话回击着这对老人。

原来,赶来的正是红红的奶奶,只见她满脸怒气,猛然推开亲家母,大声骂了起来:"都怪我命苦,找到个病秧子做儿媳,天地良心,我是服侍天皇老子一样地服侍她,还要怎样?还要怎样?老法能错吗？能错吗？"

双方老人互不相让，撕扯起来，医院走廊顿时乱作一团，医务人员劝不住，只能向110求援。

此时，虽然重症监护病房外的家属闹闹哄哄，但医院的救治工作继续紧锣密鼓、有条不紊地进行中。通过采用保护心脏，呼吸机支持呼吸，扩容补液抗休克，补充晶体液、胶体液、白蛋白，加用去甲肾上腺素静脉泵入维持循环稳定，亚低温脑保护，冰盐水静脉输注，迅速体内外降温，脱水降颅压，营养脑神经，加用冬眠合剂及丙戊酸钠针抗癫痫发作等一系列的医疗措施。红红妈妈病情终于有了一定好转，昏迷程度稍变浅、生命体征渐平稳，能自己咳痰，但妈妈的心、脑、肾功能受损严重，同时有肺部感染、产褥感染，远未脱离危险，即使抢救成功，很可能会遗留严重的神经系统后遗症，甚至成植物人，医生将上述情况向红红的爸爸和奶奶做了详尽的告知。

隔了两天，红红的爸爸和奶奶突然截住重症监护室主任，以红红妈妈自主呼吸尚平稳、家里经济条件又不宽裕为由，强烈要求拔出气管插管，予面罩吸氧。主任和主治医生再三解释却无果而返，最终经红红爸爸签字确认后，予以拔管。而此时，可怜的外公外婆已哭哭泣泣地在返乡的路上。按外婆的说法："怎么办呢？女儿生是婆家的人，死是婆家的鬼，事到如今，一切也只能应天命。"

好 冷！

我不知道该怎么继续下面的文字，毕竟世界很美好，每一个人都有生的权利，但现实往往很残酷，一拳将人们美好的祝愿和期许打得粉碎。又隔了两天，红红妈妈由于痰液难以排出，医师再次行经口气管插管。接下来的事情更加让人不可思议，红红奶奶认为，这是医院在瞎折腾，黑她家的钱，她带着儿子在医院大闹一番后，就像人间消失了一样，再也没有来医院探视和续费，更没有家人在病床前照顾。

由于联系不到家属，医院只能求助于警方。尽管警方寻找到了当事人，并且多次做工作，但是没有一个家属愿意承担相应的责任与义务！一个产褥期中暑（重症）的患者，面对的却是如此冷彻骨的亲情寒冰。由于家属的不配合，严重地影响了医务人员的诊疗，只能由科室医务人员自备营养流质鼻饲治疗，给予常规治疗。尽管医务人员尽最大的努力，但红红妈妈的情况急转直下，最终因重症产褥期中暑、产褥感染并发的多脏器功能衰竭而死亡。

红红妈妈死亡后没多久，红红爸爸和奶奶却以"医院违反医疗卫生管理法律、行政法规、部门规章和诊疗护理规范与常规，导致患者死亡"将医院告到了法院，法院的鉴定委托书和鉴定材料提交到医疗鉴定办公室。医鉴办依据相关规定，受理了当事人的医疗鉴定申请。

心 之 鉴

鉴定会召开前，我们办公室认真准备。我仔细阅读鉴定材料，三小时后才看完了厚厚的病历资料。伸伸有些酸痛的腰，倒杯清茶，脑中快而有序地梳理着案例。虽然病历资料达数千页之多，影像学片子也有数十张，但案件的争议要点、案件的焦点并不多。红红妈妈疾病的主要诊断重症产褥期中暑（热射病）无疑是明确的。中暑是在高温、高湿、无风环境中发生的急性疾病，根据临床表现和发病机制，通常分为热痉挛、热衰竭和热射病，其中热射病是一种致命性急症，临床主要表现为高热（直肠温度≥41℃）和神志障碍，早期受影响的器官依次为脑、肝、肾和心脏等。当体温高达42℃以上时可使蛋白变性、横纹肌溶解，昏迷超过6～8小时者预后不良，死亡率高达70%，即使抢救成功，往往会遗留严重的神经系统后遗症。产后，产妇身体会很虚弱，体质大幅下降，另一方面，产妇需将妊娠期内积存的大量液体通过尿液或汗腺排除，同时产褥期代谢旺盛，产热多，容易出现产褥期中暑。当外界温度超过35℃时，机体主要通过汗液蒸发散热，所以科学的调养方式是将产妇安置在房间宽大、通风良好的环境中，衣着短而薄，以利汗液挥发散热。本案红红盛夏出生，气温远远高过35℃，妈妈产后在不到十平方米、不开空调的房间里"捂月子"，门窗紧闭，深居室内，包头盖被，穿长袖衣、长裤，紧扎袖口、裤脚。在此高温、高湿、不通风的环境中，妈妈体表汗液无从散发，体温急剧升高，从而引起中枢性体温调节功能障碍，出现高热、意识丧失和呼吸循环功能衰竭等症状。家人送医时已为时过晚，病情已非常严重，即使花费高昂的医疗费用尽力抢救治疗，预后也多不理想，加之家人后期不配合治疗，病情难以扭转。故导致红红妈妈死亡的罪魁祸首是坐月子的陋习和亲属不配合治疗。

依据鉴定程序，随机选定鉴定专家后，鉴定会如期召开。鉴定会上，医患双方唇枪舌剑，据理力争，维护各自的利益，鉴定专家倾听了双方的陈述后进行调查。医院一方拿出了翔实的证据，包括患者入院后系列治疗方案、当事方主动要求拔管的签字确认书，以及患者欠费记录、欠费后院方持续治疗的证明、警方出警记录等等，逐一驳斥对方的质疑。面对一系列证据，强势的患者家属承认了不配合治疗这一事实。但家属又提出：即使我们不配合治疗，但作为医院应该救死扶伤，应该竭尽全力地抢救治疗。专家组经过认真讨论最终给出鉴定意见，患者死亡原因系重症产褥期中暑（热射病）、产褥感染并发的多脏器功能衰竭。首先，患者所患疾病凶险，就诊时昏迷超过 10 小时，体温最高达 42 ℃，后长期意识障碍、并发多脏器功能不全，其自身疾病是导致其死亡的直接原因。其次，根据原《中华人民共和国侵权责任法》第六十条之规定，"患者有损害，因下列情形之一的，医疗机构不承担赔偿责任：（一）患者或者其近亲属不配合医疗机构进行符合诊疗规范的诊疗；（二）医务人员在抢救生命垂危的患者等紧急情况下已经尽到合理诊疗义务；（三）限于当时的医疗水平难以诊疗"。结合本案的实际情况，诊疗期间在患者家属不配合合理诊疗的情况下，医院给予营养流质鼻饲等基本治疗，已尽到相应的诊疗义务。故医院诊疗上没有过错，不承担赔偿责任。

笔 者 感 言

鉴定意见无疑是科学、客观和公正的，鉴定意见被人民法院采信，以家属败诉结束。本例鉴定虽然已过去好几年，但作为为数不多的特殊案例，案例的过程时常在我的脑海中浮现，难以清除。从医疗损害鉴定工作本身来说，这个案例医院举证确凿有力，在鉴定上没有任何技术上的难题，但对于一个社会现象来说，这个案例却有很多问题值得我们深思。医疗损害作为一种专业性很高的技术鉴定，过程往往是无情的，但每每想起鉴定会场红红的天真烂漫、奶奶和父亲的无助、经治医生的无奈、专家的唏嘘，心情久久难以平定。

这也是我写过的最特别的一个案例，愚昧的陋习、缺失的亲情，致使一个本该享受青春的女青年早早离开了人世，让一个本该享受母爱的襁褓稚子早早失去了母爱，让一个本该幸福的小家庭早早解体。随着我国社会的发展进步，医学知识的普及，有着二千多年的"捂月子"陋习，已被绝大多数人摒弃。但全国每年都有产妇中暑致病致死的事件发生。如果红红的妈妈不"捂月子"，或者出现发热不适尽早脱离高温、高湿和不通风的环境，或者尽早就诊，一切不幸完全可以避免。抑或是家属能积极配合诊疗，而不是在紧要关头，将病人推给医院，不闻不问，可能还会有一丝希望。一切的假设都是苍白无力的，但愿妈妈的爱，能化作天堂中一抹星光，照耀她可爱的小不点红红，一路健康成长，拥抱人间的温暖。

不可小视的"蛋疼"

"少年不识愁滋味,爱上层楼。爱上层楼,为赋新词强说愁。而今识尽愁滋味,欲说还休。欲说还休,却道天凉好个秋。"

南宋豪放派著名词人辛弃疾的《丑奴儿·书博山道中壁》,上片说少年时登高望远,气壮如山,不识愁为何物;而下片则将难以摆脱的心头沉重抑塞表达得淋漓尽致。

一个阳光明媚的下午,在办公室里我初次与凌潇和他的父亲相遇。父亲是一位其貌不扬的中年男人。凌潇大约十七八岁,身高一米八几,是个帅气的大男孩,应当是不识愁为何物的年华,却愁容满面、负担沉重。父子俩都欲言又止,不说话,这些不寻常让我心生疑惑。"那个医生水平太差,误诊误治,把我儿子治成太监了,我们就这一个孩子,你说我们今后靠谁,我儿子今后还怎么过?"在我的鼓励下,凌潇的父亲挠了挠头说道。

凌晨"蛋痛"

凌潇自小多才多艺，爱好篮球，擅长足球，还拥有一副好嗓子，弹得一手好吉他，是名副其实的校园体育达人和文艺达人。作为家中独子，父母对其寄予厚望，他也不负众望，学习上也积极上进，进入一所理想的中学读书。

高一学年期末，为放松一下紧张的神经，学校篮球社团组织了班级对抗赛。凌潇所在的球队战绩突出，作为主力前锋，他技术娴熟，身姿矫健，带球"左攻右闪"，勇"闯"进对手"大本营"，瞄准，投射，进球！频频为本队立下大功！几场比赛下来，他所在的球队昂首挺进决赛，引爆了班级粉丝圈。

这天正直周末，比赛完毕，凌潇和队员简单庆祝了一下后就早早乘车返家。他家住在市郊的一个镇上，坐公交车要一个半小时车程。美美吃了顿晚餐后，他就拥被早早睡下，养精蓄锐，以备周一的决战。

凌晨2:40，突然来自下身的一阵难以忍受的抽搐疼痛让凌潇从熟睡中痛醒，"蛋蛋"抽筋般剧烈疼痛。初以为是自己睡觉姿势不好，不小心夹着或压着"蛋蛋"了，凌潇反侧了一下身子继续睡，可过了半个小时，疼痛丝毫不减。实在受不了，爸爸又出差在外，凌潇只能硬着头皮叫醒了妈妈，支支吾吾，只说是腰疼，小肚子疼。儿子既不拉肚子，也没见哪里磕破碰伤，妈妈以为是他运动过度，太累了，就让其吃了一粒"散利痛"，回房间休息。可是"散利痛"根本解决不了问题，"蛋蛋"越疼越厉害，一个小时后，无法忍受的剧痛使凌潇不得不再次叫醒了妈妈。

看着双眉紧锁，虚汗直冒，呻吟连连的儿子，妈妈慌了神，披了件外套，赶忙扶着凌潇出了门，带着他骑上小电驴直奔镇卫生院。

霜寒风紧，冬日的镇区，马路上车辆稀稀，行人寥寥。

5点左右赶到了镇卫生院的急诊室，一位年轻的女大夫披了件棉袄，从值班休息室赶来，她揉揉眼睛，开始询问病情。

见到接诊的是年轻的女大夫，青春期的凌潇出于害羞，突然感到"蛋蛋"的问题不知如何启齿。"哪里不舒服？""这儿！"凌潇指着左侧腰腹部回答道。"多长时间了？""2个多小时。""拉肚子吗？""不拉！"

简单的对话后，女大夫让凌潇躺上检查床，听听心肺、按压肚子，做了胸腹详细检查。自始至终，凌潇没对"蛋疼"之事吐露半个字，医生也未提及相关问题，更没有做进一步检查。

接诊医生根据询问的病史和体格检查记录了病历。现病史：患者2个小时前突发左侧腰腹部疼痛，无发热，无明显尿痛、血尿，无腹泻。查体：左侧上腹偏外侧有压痛、未及肿块，无肌卫及反跳痛，左肾区有压痛。血、尿常规检查提示：平均血红蛋白量及浓度轻度降低，肌酐轻度增高。诊断：腹痛待查。处理：①25％硫酸镁20 ml稀释后缓慢静脉注释；②头孢唑肟钠3.0 g静脉滴注治疗，③请内科会诊。

此后的数个小时，凌潇边在输液室输液，边被疼痛纠缠着，妈妈坐着边上，一筹莫展。这个在篮球场上骁勇善战的主力前锋，此时只能自我鼓气："再忍忍，挂完水就会好了！"

不知不觉间天亮了，在下身疼痛的折磨中盐水终于挂完了，凌潇在妈妈搀扶下，忍痛到街边的小吃店吃了点早餐。

10：00，下身疼痛丝毫不减，按医嘱，妈妈扶着凌潇到内科检查。内科的接诊医生是位男医生。面对男医生凌潇终于肯说实话了："医生，我下身疼！""什么时候开始的？""凌晨3点不到。""可能是右侧睾丸扭转。"

医生赶忙让凌潇上检查床，男孩很害羞，医生示意其他病人及家属全部离开诊室，一查，不好，问题严重。内科的病历报告显示："查体：右侧阴囊肿胀、压痛，可及一肿块、质韧、边界不清，诊断考虑为右睾丸扭转可能。10：40急诊彩超检查报告：右侧睾丸内未见血流信号，右侧附睾实性肿块。"医生认识到病情严重，卫生院的诊疗条件不够，简单告诉病情后，建议到上级医院治疗。

为 时 已 晚

睾丸左右各有一条精索，为睾丸供血，睾丸扭转是由于精索扭转导致睾丸供血不通畅，时间一长睾丸就"蔫"了。睾丸扭转发病急骤，多于睡眠中发病，患者一侧睾丸和阴囊会剧烈疼痛。扭转初起时疼痛还局限在阴囊部位，以后会向下腹和会阴部发展，同时还会伴有呕吐、恶心或发热，阴部出现红肿、压痛。本病好发于青春期，特别是瘦高个的男孩，精索比一般人要长，相对来说更容易打转绕圈。《吴阶平泌尿外科学》指出：睾丸扭转5小时内复位睾丸存活达83％，10小时内复位睾丸存活达70％，10小时后存活不足20％。但凌潇和妈妈对此病情了解并不深刻。

怎么办？怎么办？爸爸不在家，儿子的命根子出了大问题，妈妈急得如同热锅上的蚂蚁，顿时没了主意。她首先想到的是领着凌潇回家，安排好家里，带上生活用品，准备到上级医院治疗。当时没有滴滴打车，她几乎急得哭出来了，只能骑着小电驴到马路边拦车，娘俩折腾了个把小时，才拦到了一辆过路出租车。出租车一路风驰电掣，载着凌潇赶往市区某院。

距凌潇始发"蛋疼"整整10个小时后，12:40凌潇终于赶到了上级医院。妈妈扶着儿子，排队，挂号，再排队，问诊，检查，市医院的接诊医生询问了病史，进行详细的体格检查。病历记录显示："查体：（患者）右侧阴囊肿大，皮肤无水肿，右侧附睾及睾丸均增大、质韧、挤压痛明显；左侧睾丸及附睾未见明显异常。"凌潇被医院收治住院时，已是13:30左右，病情紧急，术前准备从简，医生急诊在硬麻（硬膜外麻醉）下为凌潇行右侧睾丸探查术，术中见右侧睾丸及附睾呈暗黑色，右侧睾丸逆时针扭转约360°，将右侧睾丸复位后，睾丸色泽无改善，右侧睾丸已扭转坏死，经与凌潇妈妈沟通，并经凌潇妈妈签字后医院做了右侧睾丸切除术。

一个阳光大男孩，一个"蛋蛋"说没就没了，这对任何人、任何家庭来说都是一个很难迈过的坎，所幸凌潇的左侧睾丸没有出状况，医院行精液及精子质量分析检查均未见明显异常，他生育能力总算保住了。

专 家 明 断

从上级医院出院后没多久，凌潇父母了解到，若睾丸扭转尽早治疗睾丸还有存活的希望，于是将矛头指向镇卫生院。他们认为，是卫生院的医生极度不负责任，误诊误治，造成凌潇右侧睾丸被切除，导致儿子背上不可逆的痛苦。而卫生院认为，他们已经尽到了相应的责任，主要理由有二：最主要的原因是凌潇主诉不清，隐瞒病情，对首诊女医生没有如实诉说病情，造成体检缺漏，继而延迟诊断；其次，凌潇在该院内科复诊时被怀疑"右睾丸扭转可能"，超声检查明确诊断后，由于卫生院没有泌尿专科，医生建议凌潇转上级医院治疗，已尽到责任。

医患双方多次交锋无果，凌潇的父亲才和凌潇找到了我们医鉴办，申请医疗损害鉴定。依据医疗损害鉴定程序，办公室组织医患双方收齐鉴定材料、随机抽取鉴定专家后，鉴定会如期召开。鉴定会上，凌潇及父母很伤心，卫生院却感觉很无辜，现场唇枪舌剑。

专家组成员首先对凌潇询问："小家伙，你好！不要紧张，我问的问题如果还能想清楚的话，实事求是地回答就是了，好吗？"凌潇拘谨地点点头。

"说说你当时发病的情况。"一位鉴定专家问道。

"当时我从睡梦中痛醒，主要是'蛋蛋'这个地方抽筋疼痛，还有这儿。"说着，凌潇站起来，指了指右侧腹股沟处。

"那为什么要两个半小时后才到医院？"专家继续问道。

"刚开始以为是自己睡觉姿势不好，不小心夹着或压着'蛋蛋'了，可过了半个小时还是痛。妈妈以为问题不大，让我吃了止痛药，后来痛得受不了了，才到医院去。"凌潇如实回答，妈妈在旁也点点头表示认可。

"那医生问你时为啥不照实说呢？"对专家的发问，凌潇支支吾吾地回答："给我看病的是一位年轻女医生，我当时不好意思讲。"

"我来问问孩子妈妈,当天 10:40 做完彩超,医生已经诊断明确了,建议到上级医院治疗,为什么 2 个小时后才到上级医院?"另一位专家问道。

"医生只是说这个病他们看不了,让我们到市里的医院去看,也没有说这么急,要是知道这个病这么急我们就不用回家,直接到市里的医院只要半个小时。"凌潇的母亲懊恼地答道。

接下来,专家组成员对卫生院代表询问:"请问,哪位是首诊医生?""我是!"一位年轻女性医生低声说道。

"当时为何没有对阴囊等处检查?"

"当时患者说是左侧腰腹疼痛,我也没有多想,给了药,想着看看治疗效果再说,并且建议他到内科会诊一下。"女医生很委屈。

"诊断明确后,为何没有转送到上级医院,你们对患者家属怎么说的?"专家继续调查。

"由于我们医院不能开展此类手术,诊断一明确,我们就说我们看不了,赶紧到上级医院住院治疗。"另一位男医生回答。

调查结束,专家组对凌潇进行现场查体后,根据鉴定材料、医患双方的陈述等,最终给出如下鉴定意见:

综观医方对患者的诊疗经过,医方在诊疗过程中存在以下过错:(1)引起急性腹痛的疾病较多,详细的病史、细心的体检、必要的影像学检查、合理的综合分析,是建立正确诊断的最好方法。本案患者系男性青少年,因突发左侧腰腹痛二时余于某日5:00到医方就诊,医方未对其行阴囊、睾丸查体。(2)睾丸扭转系由精索扭转导致睾丸缺血,是需要紧急处理的急诊。本案医方于10:00诊断为"右睾丸扭转可能",10:40 行超声检查显示"右侧睾丸内未见血流信号",诊断明确,医方建议患者至上级医院就诊时,医方虽向患方行一定的告知,但未及时联系上级医院或送转诊,未尽到相应的诊疗义务。医方的诊疗过错行为一定程度上延误了对患者疾病的诊疗,与患者右侧睾丸切除的不良后果之间存在一定的因果关系。而患者发病2个多小时后才就诊,且首诊时提供的主诉不清,隐瞒病情,病史不翔实,亦对其疾病的及时诊治有一定的影响,加之其所患睾丸扭转疾病易致睾丸坏死。故建议医患双方负同等责任。

"我儿子是不是一辈子被毁了,是不是不能结婚、生孩子了?"临出门时凌潇母亲焦急地询问鉴定专家。

"孩子左侧睾丸是好的,性功能应该影响不大,结合后续的精液及精子质量分析检查均未见明显异常,他的生育能力应该是好的。不要有负担,但是要注意左边'蛋蛋'如果有什么不舒服,记着一定要及时就医,更不能'害羞',对医生还是一定要实话实说!"凌潇腼腆地一笑,跟着父母离开了鉴定会场。

后　记

在网络语言盛行的今天,"蛋疼"已经变成很多新新人类的时髦用语,高兴不高兴都喜欢挂在口边。而现实生活中,青少年如突遇"蛋疼",切勿轻视!

本案经鉴定后医患纠纷得到了解决,所幸左侧睾丸完好,对凌潇今后的生活影响不大。专家的客观解释,也打消了凌潇和父母心中的疑虑,相信帅气的凌潇会重新阳光起来,投入快乐的学习、生活当中去。

　　日常生活中，不少患者对睾丸扭转麻痹大意，疼痛时一忍再忍，以致延误了早期治疗，个别人因此丧失生育能力，酿成终生不幸。因此，睾丸扭转发生之后，不管是本人，还是家属、医院都要引起高度重视，力求及时有效应对。专家再次提醒，青春期及其前后的患者如突然出现阴囊肿胀、疼痛，尤其是青少年睡眠中发病，应考虑到睾丸扭转的可能，应该马上用手托起阴囊，试着顺时针或逆时针轻轻旋揉，疼痛减轻说明旋转的方向是正确的。如果 10 分钟后疼痛仍不缓解，即使是大半夜，也应该马上赶去医院。到医院后，请如实主诉病情，切勿隐瞒不讲，贻误大事，造成不可逆的遗憾！

遗失的真相

八月末,江南的酷暑依旧不依不饶。午后一场大雨突袭,短暂的清凉过后,又是蒸笼般的闷热,在办公室内我第四次接待了蔡悦。蔡悦的精神状态较前几次明显好多了,但还是面带愁容,刚进门就说道:"易主任啊!您帮帮我啊,你们不给我做医疗损害鉴定,让我的冤屈无处伸张。"这句话我已经听到她说了数十次了。

"我们的工作就是组织鉴定,为解决你们的医疗纠纷提供帮助,这是我们的责任。但鉴定有它的规则,我也向你解释了好多次,你们的争议核心是当时接诊医师没有建议你做检查,耽搁了你的病情。而医院的答辩是,建议你了,但你拒绝检查,并且你在门诊病历上签名——'拒绝检查,后果自负'。"蔡悦听我说到这儿,试图打断,欲言又止。

我继续道:"当时的事实如何,我不清楚,鉴定专家也不知道,唯一能说出真相的是那本门诊病历本,你遗失了最重要的鉴定材料——那本门诊病历本,我们如何组织鉴定,专家又凭什么给你们评定。"

"那我这事就没有办法解决了吗？我受到的伤害就没有说理的地方了吗？"一如上几次，蔡悦仍然纠结。

"我还是那句话：要做鉴定，你必须找到病历本，否则我们无法完成鉴定。要么，你可以继续尝试和医院协商解决。"我给她解决问题的建议。

迟来的诊断

蔡悦老家原在西部某山村，十几年前与丈夫来本市打拼，全家靠一家小吃店谋生，把儿女拉扯大，并帮衬着儿女成家立业。终于熬到了本该享福的花甲之年，丈夫却因一次交通事故而大脑受损，基本丧失自理能力，生活上需要蔡悦照顾，他们原本准备养老的一点积蓄也不断耗尽。

一年多前，蔡悦因阴道出血、阴道排液等临床表现，在本市一家三级医院就诊，经检查考虑宫颈癌，做了手术后病理检查明确诊断为宫颈癌中期，术后进行了放、化疗治疗。手术后因淋巴回流不畅，蔡悦出现双下肢肿胀等并发症。经医生的精心治疗，双下肢肿胀的情况慢慢好转。听医生说虽然宫颈癌的预后比其他恶性肿瘤较好，但还需要长期随访。蔡悦万万没想到，自己突然查出这样棘手的病，真是雪上加霜！突如其来的暴击，让她慌了神。

"您这病早就该查出来了，为什么不早点来看病，错失最佳诊疗时间？"出院时主治医生无意中的一句话挑起了蔡悦的怒火，"之前，在别的医院看病时，接诊医生为什么没有诊断出来？"

遗失的真相

带着疑惑，蔡悦出院后到处打听，也让儿子帮她查文献资料，她对宫颈癌有了初步认识。子宫颈癌习称宫颈癌，是最常见的妇科恶性肿瘤。20世纪50年代以来，由于子宫颈细胞学筛查的普遍应用，子宫颈癌和癌前病变得以早期发现和治疗，子宫颈癌的发病率和死亡率已明显下降。早期子宫颈癌常无明显症状和体征，容易漏诊或误诊，随着病情发展可出现阴道出血、阴道排液等临床症状。对于早期病例的诊断应采取子宫颈细胞学检查和（或）高危型人乳头瘤病毒（HPV）DNA监测、阴道镜检查、子宫颈活组织检查的"三阶梯"程序，但本病确诊需依据组织学诊断。

科普后，蔡悦对另一家医院两年前没有诊断出来更是耿耿于怀。原来早在两年前，蔡悦就因阴道出血一周内两次至本市另一家某三级医院妇科就诊。在做过基本检查之后就草草收场。不料两年后，被诊断为宫颈癌中期，做了手术、放疗和化疗，遭了大罪、花了大钱不说，还有可能复发。蔡悦气冲冲地回到先前就诊的医院想要讨个说法，多次交涉没有结果。最后，蔡悦聘请律师将医院告上了法院，要讨个公道。

委托与退回

法院受理了蔡悦的起诉，开庭后由蔡悦申请医疗损害鉴定，法院委托我们办公室组织鉴定。收到法院的委托，办公室工作人员审核材料。

首先，我们看到医患双方的争议要点。蔡悦认为：医院对她进行了三次诊疗，没有及时发现宫颈癌症状，只为其开具了消炎药，延误了对其子宫颈癌的早期诊断，使其失去了早期治疗的机会，给她造成了巨大的人身伤害和经济损失。而当事医院则认为：蔡悦就诊时，接诊医生强烈建议患者行宫颈活检、宫颈液基薄层细胞学检测（TCT）及高危型人乳头瘤病毒DNA检查，报告也明确建议患者活检，医务人员已尽诊疗义务，但蔡悦均未遵医嘱，拒绝检查，并在病历本上签字表示"拒绝检查，后果自负"；故蔡悦病情的延误诊断、治疗完全是由她未遵医嘱所致，医务人员的诊疗经过无任何过错。

接下来，工作人员审核病历资料，发现没有病历资料，只有几页收费发票和检查报告单。检查报告单显示：蔡悦因阴道出血首次至当事妇科门诊查人绒毛膜促性腺激素（HCG）阴性，经阴道彩超检查提示子宫未见明显异常。第二次（四天后）复诊，宫颈液基薄层细胞学检测（TCT）及高危型人乳头瘤病毒DNA检查报告"（不能除外上皮内高度病变）非典型鳞状上皮，建议活检"。但遗憾的是蔡悦的检查却意外地戛然而止。由此，本案医疗损害鉴定的关键点在于，当时是谁的原因造成蔡悦未能完成"子宫颈组织活检"这一关键的检查。焦点无疑集中在第二次的门诊病历上。

医鉴办工作人员基于上述审核人民法院委托鉴定事由和转交鉴定材料的情况，发现法院只转交了蔡悦在当事医院的检查报告单和收费票据等，没有涉及争议焦点的门诊病历资料。医鉴办发出受理通知，并明确要求补充提交该次门诊病历等鉴定资料。随后的日子里，工作人员多次与委托法院沟通，催交鉴定材料。三个月后，法院反馈：再次开庭，患者确认那次门诊病历已遗失，无法提交。由于缺少核心鉴定材料，鉴定无法进行，按照《医疗损害鉴定管理办法》的相关规定，医鉴办以鉴定材料不完整为由向委托法院退回鉴定委托。

来访与接待

收到医鉴办退回鉴定委托的通知后，蔡悦想不通！自己找的代理律师认为自己能做医疗损害鉴定，法院也通过了诉讼请求，怎么委托的第三方（医学会）鉴定机构就不能做了呢？自己到处奔波打听，身体状况越来越差，花了九牛二虎之力，到头来竟然是一场空！"我的冤屈去哪里申诉？"我自己找医学会评理去。

故在半年多的时间内，蔡悦先后四次来医学会医鉴办，坚持认为门诊病历遗失并不影响鉴定，要求医鉴办为其组织鉴定。我与医鉴办的同事接待了蔡悦，对她做了详尽的解释说明，其间她也找过医学会领导和上级主管部门。

初次见蔡悦，她的精神状态很差，由于双腿仍有点肿，走路有些缓慢、跛行，脸浮肿晦暗，眉眼间的焦灼无力让人心疼。那是春节长假结束不久后的一个下午，她怒气冲冲地走了进来："你们为什么不给我做医疗损害鉴定，让我的冤屈无处伸张？"

"有话好说！你是哪位，咋回事啊？"倒上一杯清茶，安抚蔡悦坐下，我问道。

"我叫蔡悦，要告医院误诊耽搁我的病情，法院委托你们做鉴定，你们不做，现在我无处说理，找你们来了。"她仍然怒气不减。

"我姓易，是医鉴办的负责人，你的案子我们是在审核和与法院沟通的基础上退回的，原因是鉴定材料不完整无法进行。"我对她说道。

"你是领导啊！易主任，发发慈悲吧，同情我这个苦命的人吧，您可得帮帮我啊！你们不做鉴定，我的案子就没有办法解决了。"蔡悦换了一种口气。

接下来我与她分享了与她情况相似的一个案例：多年前，我曾接触过一位患者，因为关节疼痛去医院就诊，医生建议拍CT检查，在当时CT的费用还比较高。由于患者完全自费，并且加之对医生的建议不大相信，就拒绝做CT检查。医生没有办法，就在病例中如实记录"建议做CT检查，患者拒绝"，并让患者签字确认。过了几个月后，患者疼痛加重，于是转到另一家医院诊疗，这一次医生坚决要他做CT检查，结果检查出来后被诊断为骨癌，并且错过最佳治疗期。患者认为，之前的医生耽误了自己的病情，向医院讨说法。然而追溯当时的病历，清清楚楚地记录着医生建议做CT检查，病人拒绝并签字。患者傻眼了，如果当事听从医嘱，情况或许不致如此糟糕。患者撤回诉讼，继续治疗疾病。

对照本案，蔡悦的情况与之有类似之处。医疗损害鉴定意见要求以法律法规、部门规章、诊疗规范常规为准绳，以事实为判定依据，必须在事实调查清楚的基础上，掌握确凿证据的前提下，理清医患纠纷的来龙去脉，科学评判医务人员的诊治活动有无违反法律法规、部门规章、诊疗规范常规的情节及是否造成患者人身损害的后果等。事实不清，就不能科学地、客观地、公平地、公正地鉴定，鉴定文书的法律效力也无法实现。本案如若医院在门诊病历中注明"建议子宫颈组织活检"相关的告知内容，蔡悦未遵医嘱，则蔡悦病情的延误诊断治疗完全是由她未遵医嘱所致，医院不承担赔偿责任；如若医院在门诊病历中未注明"建议子宫颈组织活检"相关的告知内容，则蔡悦病情的延误诊断治疗是由医院医务人员未尽到告知义务所致，医院应承担相应的赔偿责任。故本案缺失的三次门诊病历是其鉴定的关键所在，尤其是第三次的病历记录。然而最能说明问题的原始病历却遗失了！

"易主任，那你说，我这事情还有什么办法解决？"经过一个下午的交流，蔡悦半信半疑地点点头，临走时问道。

"要做鉴定，你必须找到病历本，否则我们无法完成鉴定。要么，你可以继续尝试和医院协商解决。"我给了她当下解决问题的中肯建议。

随后的日子里，蔡悦还来过两次，目的是要我们完成她的医疗损害鉴定，但因未能提交门诊病历本，都未能如愿。其间学会领导也与她交流、沟通，一来二去蔡悦和学会领导成了朋友，鉴定之外的困难，学会领导给了她力所能及的帮助。

说实话，我很同情这个苦命的女人。可是情是情，理是理，法是法。医学鉴定有医学鉴定的规则，必须严格执行，这是谁也不能逾越的。

后　记

本例医疗纠纷案件的真相随着蔡悦丢失门诊病历本，永远不能找到。第四次接待后，蔡悦终于接受了不能提交门诊病历本，无论如何她的医疗损害鉴定不能进行这一事实，她也未再来找我们寻求帮助。但她和学会领导的友谊仍在持续，听学会领导说，蔡悦在子女找工作、孙女上学等家庭生活方面遇到困难时，会找她帮助，她也给予蔡悦力所能及的帮助。听蔡悦说，由于门诊病历本最终没有被找到，法院退回了她的诉讼案子，她也认识到自己丢失证据对她不利这一事实，降低了诉求，经与医院协商，她的纠纷得到了解决。问题解决后的蔡悦精神状态明显好了许多，复查病情也还算稳定，她的生活又重回正常。

逐利避害，人之常情。工作中，常常碰见医患双方就鉴定资料的真实性、客观性争论不休、相持不下而导致鉴定无法完成陷入持久战的情形。如同本案例一样，当事人丢失或不愿提供重要鉴定材料，致使医疗纠纷难以得到公正解决的案例也不鲜见。对于本案例，回想起我和蔡悦的四次交流，虽然我同情蔡悦的不幸遭遇，但是法律讲究证据，鉴定流程需要根据规章办事，她不能提供病历资料致使鉴定无法完成，承担不利后果，我们也爱莫能助。只是这样一件件的实例，提醒和警示患者和家属，就诊时要与医生仔细沟通，并保存好病历资料，一是有利于医生诊疗疾病，二是发生医疗纠纷后便于问题的解决。同时也提醒医务人员，在与患者沟通时需要更周到、更耐心，病历上要写得更为翔实，这样一旦发生医疗纠纷才便于举证。

患者猝死，谁的错？

急诊室漫长的夜晚

年关将至，工厂常常加班，好在今天是周末，难得能按时下班，然而春秀心中却是异常烦闷。丈夫昨夜病了到医院急诊，今天中午在老乡的陪同下又去医院治疗。下班时丈夫电话里说："输液快输完了，你先回家做饭，结束了让老张送我回家。"春秀出发去菜市场买菜，为一家老小准备晚餐。隆冬时节，天黑得早，灰蒙蒙的天更是影响着春秀的心情，六点不到，昏黄的路灯已经亮起，她行色匆匆地走到大街上。

突然，刺耳的手机铃声响起，"您是何建国的妻子李春秀吗？"电话那方是严肃的男声。

"诶，我是。您是？"春秀隐隐感到不安。

"我是何建国的主治医生，何建国的情况很不好，麻烦您赶紧来一下。"接到医院通知的时候，春秀霎时懵了。

丈夫是跑运输的司机，长得壮壮的，一年四季难得上趟医院，人到中年也很少生病，也就是前两年有次腰疼，到医院做了B超检查，医生说肾脏上有个小结石，吃几顿药就好了。这几天接近年底，有点忙，每天回家后吃完饭就想睡觉，有时说胸口有点不舒服，但睡一觉后第二天照样出车。只是昨天半夜突然觉着左侧腰部疼痛，后来疼到满头大汗，实在受不了，情急之下春秀叫醒了隔壁熟睡的儿子，着急忙慌地送丈夫去医院就诊。丈夫原有肾结石病史，但因前期检查后觉得结石尚能通过自体排出，并未做手术诊疗。此番疼痛难忍，难道尿结石的情况又恶化了？春秀自知，丈夫性格坚韧，身体上有任何小病小伤一向瞒着家人自己扛着，从不轻易"示弱"，此次半夜反常的疼痛许是已经忍了很久。隆冬的夜晚，风格外刺骨，儿子扶着丈夫因疼痛略有蜷曲的身体，春秀强压心中的不安感，短短几公里的路程，今天好似没有尽头。终于到了医院，凌晨时分，候诊大厅静悄悄的，春秀尽力镇定地扶着丈夫坐下，儿子去窗口挂号。接诊的是一位年轻的男医生，他详细地询问了丈夫的发病情况，仔细检查了腹部和腰部，说腹部没问题，就是左腰部有点压痛。末了，春秀还不忘提醒医生丈夫有肾结石的病史，医生写好病历，开出了B超、尿常规检查的申请单。二十分钟后检查结束，B超检查报告"右肾下盏可见两枚0.9 cm的强回声伴声影；超声印象：右肾结石"，尿常规报告"隐血3+，红细胞4～8个/Hp"。医生诊断是尿结石，交代了病情，开了两瓶盐水，说："输完了应该能好，若还不好，天亮了再来看。"

挂上点滴以后，春秀就催促儿子回家睡觉。儿子明日还有重要的面试，对于一直打零工的他来说，此次机会来之不易。交代了儿子为家中老母准备早餐后,春秀就一直伴在丈夫旁边,看着点滴。许是折腾了很久,丈夫迷迷糊糊地睡着了。春秀与丈夫都并非本地人,由于老家经济不景气,十余年前他们辞别父母来到常州打拼。由于他们的勤劳踏实,丈夫成了跑运输的司机,而春秀从一开始四处打散工到在现所在的服装厂逐渐安稳下来,家里的情况渐渐地有了起色,实属不易。前期的努力打拼让夫妇俩终于有能力贷款买下一套老小区的房子,春秀也能把老家的寡母和独子接到身边来一起生活。眼看生活逐渐稳定,儿子也到了能出去挣钱的年纪,丈夫的这次急诊却着实有些吓坏了春秀。作为家中顶梁柱,丈夫常年跑长途,不管严寒酷暑、白昼黑夜,作息吃饭极不规律,可以说很是辛苦。但是丈夫一向吃苦耐劳,从未有过抱怨,工作之余还兼顾家中事务,帮着春秀伺候年迈的老母,采购家中日用品。一贯健康有活力的丈夫突然倒下,春秀既心疼又担忧。半夜的急诊室内,白晃晃的日光灯伴着消毒水的气味,氤氲着一股难言的焦虑。春秀守在丈夫身旁,也许是因为工作家庭的忙乱,太久没有在这样的夜晚仔细观察过丈夫的面庞,尽管丈夫比自己还要年轻两岁,45 岁的人两鬓却已难掩丝丝白发,皮肤因常年风吹日晒变得黢黑,额上眉眼间的褶皱在此刻也异常刺目。春秀为丈夫掖了掖被角,抚摸着因挂着点滴而冰凉的手,默默祈祷好转。

在焦急的等待中盐水终于输完了,晨光驱散了漫长的黑夜,春秀伸了伸酸痛的腰,她看到丈夫的气色较昨日似乎有所转好,紧攥的眉头有所舒展。天亮时分,丈夫睁开眼睛,说感觉好多了,催促春秀去工厂上班。拗不过丈夫的坚持,再说工厂确实忙,请假很麻烦,春秀便给老乡老张打了电话请他帮助照看丈夫。出输液室的门口时，春秀下意识地回头看了丈夫一眼，丈夫难舍的眼神在她心中引起一丝不安，但上班要迟到了，她也没有多想，喊了一声："今天周末，晚上我按时下班，让儿子接你回家吃饭。"随后，春秀便匆匆忙忙地去工厂赶工。

转身竟然是诀别

"我是何建国的主治医生，何建国的情况不太好，麻烦您赶紧来一下。"春秀被突如其来的通知吓到失言。怎么办？如果只是单纯的肾结石并不会严重到医生亲自电话通知，丈夫难道还有什么病瞒着吗，抑或是丈夫自己也从未觉察过？慌乱、焦急，春秀的心仿佛被人以一根细线悬了起来，在几百米的高空摇摇摆摆。春秀告诉自己要镇定再镇定，坐上出租车后马上赶往医院，并强忍自己的情绪通知儿子赶往医院。没有太多言语，春秀颤抖地挂断了电话，望着疾驰而过的街道，她强使自己的情绪稳定了一些，今天和丈夫的通话过程清晰地回放着。中午12点多利用吃中饭的时间，她给丈夫打了第一次电话："建国！吃中饭了没有，现在感觉好点了没有？"

"早上感觉好点，医生看了说问题不大，我就回家了，刚喝了一碗粥，这会又有点痛，胃上也不舒服。"丈夫有气无力地回答。

春秀焦急地说："我马上去请假，回来送你去看病。"

"我叫老张送我到医院再看一下，没有大毛病，你安心上班去。"丈夫宽慰她道。春秀想想：老毛病了，可能再用点药就好了。

春秀老是心神不定，下午3点半左右又利用上厕所的时间第二

患者猝死，谁的错？

次打电话过去:"建国!现在感觉咋样?医生看了咋说的?"

"医生看过了,又复查了 B 超,还是肾结石,用的还是昨天晚上的药。2 点多腿有点麻木,做了 CT 检查,医生说腰椎间盘轻度膨出,加了药,现在好多了,安心上班吧!"

第三次电话是下午 5 点刚下班时打过去的:"老公,好些了吗?"春秀急急忙忙地边换衣服边问道。

"液体快输完了,你先回家做饭,结束了让老张送我回家。"

肾结石是老毛病,腰椎间盘膨出又不是要命的病,医生是不是有点夸张,春秀自己安慰自己,此时正是下班高峰期,交通堵塞令人烦躁。司机师傅发现了春秀的反常,抄小道以最快的速度赶往医院。春秀像失了魂般,脑中一片空白,一路小跑,下午 6 点终于赶到了急诊室。急诊室外,春秀的儿子已经在焦急等待,佝偻着坐在一角。春秀走过去抱住儿子,他一动不动,此时春秀才注意到他眼里噙满泪水,如同孩童一般嘤嘤地哭了起来。"没事的,一定会没事的。"春秀小声安抚道,轻轻拍着儿子的后背。

12 月的傍晚,外面已是一片漆黑。急诊室里医生护士在忙碌着,丈夫躺在病床上,医生在做心脏按压,口里插着管子接着呼吸机,旁边护士正在加药。听到春秀的哭声,有位医生走了出来紧张地说:"你丈夫的病情很危险,我们正在全力抢救,你们要有思想准备。"春秀彻底懵住了,什么思想准备,她无力地依靠着墙角,等待,漫长的等待,一分钟、五分钟、十分钟、半个小时过去了,医生护士还在忙碌。一个小时过去了,没有奇迹出现,等来的只有"很抱歉,您的丈夫已经走了,我们尽力了"。春秀没有想到,今早的转身竟然是与丈夫的诀别,她无力地倒下,仿佛世界远离了她、抛弃了她……

为丈夫要个说法

家中顶梁柱的突然离去,让春秀无法走出悲伤。哭泣,是思念,是无法承受至亲至爱的离去,更是心中太多的委屈无处宣泄。春秀性格一向内敛,不善言辞,但是丈夫走得太离奇,就连医院也说不清丈夫是怎么死的,春秀想要向医院讨个说法,起码,春秀想弄明白,自己的丈夫究竟是怎么死的,一定是医院看错了病、用错了药。春秀卧床不起,让儿子和老乡一起去医院讨说法,医院也说不清楚,让他们到医鉴办去鉴定。

我在办公室接待了春秀的儿子和老乡,小伙子20岁前后,中等身高,有点偏瘦,头发乱乱的,眼睛红肿。

"你是易主任吧,医院看错了病、用错了药,把我爸治死了,我们要做鉴定。"小何怯怯地说,老乡你一句我一句地帮腔。

给他们倒上水后,我说:"别着急,把事情简单地说一下。"

听完小何的诉说后,我翻阅了他父亲的病历本,病历清晰地记录了患者的就诊过程。凌晨2点患者因"左腰部疼痛半小时"首次就诊,诊断为"尿结石",医生给予解痉、补液治疗。次日12:45患者再次就诊,诉仍感左侧腰部疼痛伴上腹部轻度疼痛,诊断、治疗同前。14:30患者双下肢出现麻木、腰痛明显减轻的症状,腰椎间盘CT平扫检查报告:L4/L5椎间盘轻度膨出,予甘露醇脱水及补液等治疗。17:40患者突然意识丧失、生命体征消失,经治疗无效患者死亡。

看完病历，我快速梳理了一下案情。毫无疑问，患者右肾结石和 L4/L5 椎间盘轻度膨出的诊断是成立的，但不足以导致患者猝死，而临床上导致猝死的病因以心脑血管疾病较为常见，因喉头梗阻、输液反应致猝死的病例也时有发生。但本案患者病情变化快、临床资料有限，难以分析导致患者发生猝死的原因，而死因不明，科学、公正的鉴定无从谈起，通过尸体解剖明确患者死因是鉴定的前提。

安抚了患者亲属的情绪，我对患者儿子说："小何，这种事情大家都不愿看到，但事情发生了，我们要正确面对。鉴定是一项专业性很强、很严肃的工作。我大体上了解了你父亲的情况，现有的资料不能说明你父亲的死亡原因，现在首要的问题是要明确你父亲的死因。只有先通过尸体解剖清楚死亡原因，才可以通过调解或者鉴定解决问题。"

一个月后，春秀丈夫的尸体解剖报告书出来了，报告书记载："主动脉根部、升主动脉、主动脉弓及部分腹主动脉广泛夹层动脉瘤形成伴主动脉根部破裂出血，心包积血 650 ml。死亡原因：主动脉夹层动脉瘤破裂出血，心包积血伴心包填塞，循环衰竭死亡。"春秀和儿子找专家咨询，也查找了许多专业文献，对丈夫的疾病有了一定认识。春秀猜想，许是丈夫想要挣钱养活家里，生病以及日常的头疼眩晕也不及时就医，想着忍忍就过了，加之春秀的母亲年纪越来越大，膝关节逐渐退化，步行艰难，作为一家之主肩上的担子更重。重压之下，竟然造成了这样的结局。随后她以医院的误诊导致丈夫的死亡为由找医院讨说法。医院则认为：医院的诊疗过程符合诊疗常规，不存在违法违规的行为，患者因主动脉夹层动脉瘤破裂、心包填塞而死亡，症状体征不典型，容易误诊，且此疾病发病急、进展快、死亡率高，即使明确诊断了也救治困难、死亡率高，所以不承担赔偿责任。双方各执一词，难以调解，便向医鉴办申请了医疗鉴定。

鉴定会如期举行，春秀和儿子一同参加了鉴定会，专家鉴定组成员认真审阅了患者的病历资料及尸体解剖报告书，向医患双方调查了患者的平素身体状况和就医经过等，指出：主动脉夹层动脉瘤急性期一般表现为前胸、后背部剧烈疼痛，而何建国以"左腰部疼痛"为首发表现，临床罕见，早期诊断困难，且疾病发病急、进展快、死亡率高，救治困难，是导致患者死亡的主要因素。但医院在诊疗过程中存在如下不到之处：（1）医院在患者诊疗期间，查体记录不详细：如无血压、心率等生命体征检查记录和心肺听诊等查体记录。（2）患者首诊经止痛、解痉及输液治疗，然而疼痛症状未得到缓解，后又出现面色苍白、双下肢麻木等临床症状，医生诊断思路局限，没有进行必要的鉴别诊断。医院的诊疗过错行为使患者未能得到及时诊治，与患者死亡后果之间存在一定的因果关系，承担相应的赔偿责任。

笔 者 感 言

古今中外，医生在诊治疾病过程发生"错误"的历史记载及统计资料都已经确凿地告知人们，医疗"错误"难以完全避免，在我国古代就有《医林改错》的专著出版。即使在医学技术很高的美国误诊率也在30％左右。"我们对医生、对医学的期望值过高了。其实，临床误诊率一直在30％左右。"全国政协委员、中国医学科学院皮肤病研究所常务副所长孙建方表示，诊断准确率不一定和医学技术发展呈正相关。

从事医疗鉴定工作十年有余，每年都有涉及误诊案例的咨询或鉴定。往往患者及家属认为发生误诊的医院就得承担医疗事故或医疗损害赔偿，而医院恰恰相反，多认为由于患者临床表现不典型或受现有诊断技术的限制临床误诊是难免的。其实，医患双方因立场不同，都以片带面，有失偏颇，不同案例应不同对待。事实上，即便在医疗技术如此发达的今天，人类对疾病的认识仍然很有限，有些时候，即便按照正常程序进行诊疗，仍然会出现各种意想不到的情况，误诊就是其中之一。但也不能说明所有的误诊都是可以被原谅的，发生误诊的原因主要有人体的复杂性、疾病的个体性、医学的实践性、技术的局限性，当然也有医务人员的过失、过错所致的误诊。医学鉴定中鉴定专家的工作重点在于医生是否按照诊疗规范、常规对病人进行诊疗，以此来评判医院是否存在过失、过错，再结合疾病的特点及患者临床病情的特点划分责任程度。以本案为例，我们事后回顾性分析患者的病情，尤其是通过尸体解剖已经明确患者死因是主动脉夹层瘤破裂出血的情况下，本案的误诊是一目了然的。但事实上本案患者早期的临床表现的确不典型、后期疾病进展快，若非进行了尸体解剖，即使回顾性分析也很难考虑到主动脉夹层瘤破裂出血的诊断，故误诊有一定的客观性。但是部门规章制度及诊疗规范有明确要求：对于急诊病人应测量血压、心率等生命体征。主动脉夹层瘤急性期病人血压往往明显增高，而高血压又可使病情进一步加重，故使用药物控制血压、心率可以防止夹层继续扩张和主动脉破裂。本案中,如若医院遵照部门规章制度及诊疗规范测量了患者的血压、心率等生命体征并给予相应治疗,即使其不能明确诊断患者所患主动脉夹层疾病,也可能使患者的血压得到有效控制,使患者得到可能的救治机会。作为一家顶梁柱的何建国遗憾地离开了人世,给家人留下的是经济的困顿和无限的思念,而医院为此也承担了巨额的赔偿。本案的教训是深刻的。

患者猝死,谁的错?

"错误出生"的悠悠

"雨打黄梅头,四十五日无日头。"江南闷热潮湿的梅雨季节,天空连日阴沉,并且雨水连绵不断。虽说在龙城生活已近二十年,但对于从小就习惯了干燥凉爽的北方气候的我来说,每年的梅雨季节都是一个考验。一个闷热、潮湿的下午,在办公室里我第三次见到了悠悠和她的爸爸、妈妈。小悠悠已经三岁多了,圆圆的小脸粉白粉白的,一对明亮的大眼睛清澈透亮,好可爱的小丫头!但当我的目光落在她的右手位置上时,不由一阵阵揪心,小悠悠出生后就没有右手。

一阵沉默后,悠悠的妈妈小梅说道:"易主任您好!今天我们来把鉴定的材料拿走。"

"你们的问题解决了吗?"我递上一杯水,顺便问道。

"已经解决了,法院帮我们做了做工作,26 000元,我们和医院调解了。虽说和我们的期望差得很远,但通过鉴定我们也认识到悠悠没有右手是先天性的,出生前也很难发现。还得感谢你们,给我们指了一条解决问题的路，要不然不知道要折腾多长时间哩。"

十几分钟后悠悠和她的爸爸、妈妈离开了办公室，看着他们一家三口的背影，我的思绪不由被带到一年多前。

怀孕的惊喜

去年春节前，江南的冬天气温虽说不低，有0℃左右，但彻身的湿冷还是让人缩手缩脚。还有一周多，期盼已久的春节长假就要到来，鉴定工作也暂停了下来，忙着装订一年的鉴定卷宗，做一些收尾工作。一天早上，我在办公室里第一次接待了悠悠和她的爸爸、妈妈。悠悠的爸爸话很少，主要是她妈妈小梅诉说。

小梅一脸的委屈和愤慨："我自从怀孕就在他们医院按要求产前检查，光B超就做了5次，每次都说正常，我女儿出生就没有右手。找他们论理推得一干二净，让我们到这儿做医疗事故技术鉴定。""女儿没有手，将来咋生活、上学、工作、成家，难道说就没有说理的地方了。"说着说着，小梅哭了起来。

"这种事情谁也不想碰到，我也很同情你们的遭遇。"递上纸巾，看着小梅情绪稳定点后，我接着说道："先不要哭！把事情的经过简单说说，我可能会帮你们出出主意。"

小梅停止了哭泣，说起了事情的来龙去脉。悠悠的爸爸和妈妈结婚晚，婚后两年多小梅终于"有喜"了，一家人都很高兴。但小梅心里还是不踏实，不行，得去医院里认认真真地做一次检查，让那种正正规规的现代化仪器设备探一探、照一照，不就什么都清楚了。于是，小梅在丈夫的陪伴下，将信将疑、忐忑不安地迈进了本市的一家一级医院的大门。躺下去,爬起来,两三分钟时间,就那么简单,B超检查结果就出来了。超声描述:"子宫腔内见一个大小约3.3 cm×1.8 cm囊状回声,囊内可见胚芽,胎心搏动有;宫腔内未见节育环回声,附件未见异常回声,盆腔未见游离液体。彩色多普勒显示:子宫肌壁内见点状和条状血流信号。超声提示:早孕。"

嘿!怀孕了,还真是怀孕了,小两口不由得一阵激动,那喜悦之情全都溢于言表。两人喜不自禁地共同手捧B超检查结果报告单,仔仔细细地看了一遍又一遍。都看真切了,于是四目相对,全是柔情蜜意,也全是一脸的骄傲。两片红晕悄然飘上了小梅的脸颊,她那本来就很美丽的脸蛋就更显美丽了,于是丈夫情不自禁地将她紧紧地拥在了怀里。

如履薄冰慎保胎

小梅自从被确诊怀孕后,就成了名副其实的"公主""皇后",尽管家境并不是十分地好,但家人把她服侍得很周到,饮食的精细、营养的全面、行动的小心自然不必多说,谁让现在的"独生子女"全都变得那么金贵呢?那么如何才能确保安全、顺利地生下一个在生理和智力方面都健健康康的小宝宝呢?小梅一家人尤其是小梅和她的丈夫没有为此少费心思。他们觉得,除了必须在孕妇护理方面坚持做得更好以外,还必须坚持定期去医院进行B超等检查。做B超检查不仅可以让他们非常直观地及时了解掌握小宝宝在母体内的各种生长发育情况,甚至还可以让他们非常直观地看清楚小宝宝在母体内的一举一动。嘿！这种现代化的检查手段简直神了。于是，小梅自从第一次去那家医院做过 B 超检查后，又先后 5 次间隔性地去那家医院进行同类检查。医师说她是大龄怀孕，为谨慎起见在怀孕 3 个多月时还为小梅做了一次系统超声筛查，一直都说没问题。

有了以上这一次次正规的检查结果为凭，小梅一家人当然对小梅能够生个健康宝宝充满了信心。离预产期越来越近，小梅幸福中略带一丝紧张。大约是 36 周多点，小梅突然觉得身体有所不适，为安全起见家人赶紧将她送去上级医院产科住院。还好，三天后就出院了，似乎并无大碍。不过出院诊断为："先兆早产，妊娠合并贫血，G1P0 孕 36+6 周待产 LOA。"出院时医生告诉小梅和家人，小梅有先兆早产和妊娠合并贫血，回家后就得更加注意和小心了，发现有异常尽快住院。呵呵！怀孕就像坐过山车，抛上坠下，险象环生，在享受兴奋、激动和刺激的同时，也得承受各种各样的惊吓、害怕甚至恐惧。

发现异常泪如雨

一家人牢牢记住了出院时医生的嘱咐，因此一挨近预产期，小梅就在家人的安排和护送下，早早地住进了这家医院的妇产科，那里才是她和尚未降生的孩子的避风港和保险箱。住院后 2 天，小梅在这家医院里顺顺利利地产下了自己和家人期待已久的宝贝疙瘩。虽然这宝贝疙瘩是个女婴，但在当今社会，生男生女都一样，而且女儿才是最贴心的"小棉袄"呐，因此全家人依然觉得非常高兴。

婴儿生下来处理好后，医生或护士总是要十分欢喜地、报功似的将婴儿抱出来让孩子的父母等亲人看一看的，这是婴儿父母的劳动收获和胜利成果，这是婴儿的亲人们享受这种丰收和成果的最重要时刻。然而这次抱着婴儿走过来的女护士却笑得并不灿烂，她的脸色甚至有点别扭和尴尬。她走近他们，边把婴儿交给他们，边讷讷地说："小女孩挺好看的……就是没有右手！""什么！这孩子没有右手？"女护士的声音极为低缓，却如同晴天霹雳，将在场的人全都震傻了。于是有人急急地打开包裹着婴儿的襁褓，意欲一看究竟。襁褓打开了，情况果然如此——孩子右手缺如！见这情状，一个个瞠目结舌、面面相觑，一时间，谁都不肯相信眼前所见是真的。

怎么会这样呢?！怎么会这样呢?！前面的检查都说孩子是好的，怎么会这样呢？可是事实就是这样。一个女孩子，生下来就是个残疾人，她将面临怎样的一种人生，她这辈子的道路该怎么走？大家的脑子里在飞速地，也是极自然地都在想这些问题。也是，手是一个人最重要的功能性器官之一，谁都不能没有手；没有手，恐怕连走路都走不稳。而对于这女孩子来说，右手缺如，一是生理功能严重不全，别说将来学习、劳动、工作会受影响，就是生活自理也一定极不方便；二是肢体不对称，外表不雅观，将来找对象、成家会有一定困难；三是由于肢体残疾，她必将遭人侧目、被人歧视，因而一辈子将承受无穷无尽的自卑和屈辱；四是她的这种自卑和屈辱将不可避免地传染给父母等亲人，让他们也永无止境地陪着她经受情感的煎熬……这孩子的命太苦了，她实在是不该降生于世的。可是已经成为生命降生于世了，难道还能掐死她或抛弃她吗？

不能啊！不能啊！想到这些，小梅看着这个刚刚从自己体内诞出的可怜骨肉涕泗滂沱。

一定要讨个说法

迷迷糊糊中小梅出院了，起初她想着自己的不幸，想着孩子的未来，整日以泪洗面，将自己的不幸有意无意地归罪于小悠悠，别说喂奶，就是看上一眼孩子，她都懒得看。随着时间推移，看着小悠悠无辜、可爱、可怜的样子，渐渐地她接纳了、喜欢了女儿，想着一定要给小悠悠比其他孩子更多的爱。定下心来，小梅想到，她怀孕后是基于对那家一级医院的充分信赖，在那家医院里正式建立了孕育档案、办理了《孕产妇保健手册》，并多次前往进行孕期和产前检查。按理说，以目前这样先进的检查设备，医院应该在小悠悠出生前能检查出来的。一定是医生没有恪尽职守，没有认真地对存在严重缺陷的胎儿进行详细检查和诊断，更没有明确提醒、告知他们该注意哪些方面的问题，该增加哪些检查项目，因此没有发现。正是那家医院和那些医生没有在产前发现胎儿缺陷，严重侵犯了她的健康生育选择权，并造成她一家巨大的经济损失和精神损害。

基于以上思考，在小悠悠满百日后，小梅和丈夫找到了医院一定要讨个说法。然而那家医院却坚持认为：第一，小悠悠右手缺如是先天性的，和医院的诊疗行为没有任何关系；第二，由于现有医学检查设备技术条件所限，常规B超检查无法发现胎儿右手缺如这种情况，院方在事前也并不知情，因此并非故意不向小梅告知有关情况；第三，孕妇入院进行的是一般性产前常规超声检查，医师在检查时严格遵守了有关法律法规以及相应的产前B超检查规范，并严格按照超声检查要求对一般性产前检查的各项内容进行了全面检查，这有超声诊断报告单为凭；第四，小梅在产前也曾因先兆早产在上级医院住院诊疗，上级医院对小梅也进行过B超及其他各项检查，也均未发现胎儿畸形的问题。双方各执一词，且没有调和的余地，在与医院交涉无果的情况下，小梅来到了医鉴办申请医疗事故技术鉴定，争取讨个不让人觉得郁闷憋屈的"说法"。

一个上午快过去了，小梅的诉说终于结束了，事情的来龙去脉我也心中有数。几年来和小悠悠相似的案例我们办公室也鉴定过几例，结果都不构成医疗事故。原因有三：一是孩子的残疾是先天性的，和医院的诊疗行为没有任何关系；二是目前的规章制度、产前检查、产前诊断要求产前检出的是诸如显性脑膨出、开放性脊柱裂、胸腹壁缺损内脏外翻、单腔心、致命性软骨发育不全等严重异常情况，而手缺如不在其范畴；三是由于受到目前超声检查技术水平的限制，同时受到诸如母亲腹壁、羊水、胎儿大小、胎儿位置以及胎动等因素影响，再加上胎儿在母亲子宫内通常蜷缩成握拳状，所以胎儿手部的残疾情况在常规超声检查中往往很难被准确判断。看着小梅和丈夫期盼的目光，我对他们说道："既然你们相信我们医鉴办，我就实话实说。你们这种情况比较特殊，和一般在同样诊疗中出现不良后果的案例不一样，做医疗事故鉴定的结果是不构成医疗事故的可能性很大。"听到这，小梅和丈夫一下急得站了起来，我挥挥手示意他们坐下，接着说："你们一定要个说法，我建议你们到法院以告知不到侵权起诉,可能有利于解决问题。"我们的第一次接触结束了。

条分缕析明责任

我们的第二次见面是在鉴定会上。小梅和丈夫回家后聘请了律师,向区人民法院提起侵权诉讼,法院委托我们办公室组织进行本例医疗损害鉴定。鉴定会上,首先由小悠悠的代理律师陈述:"医方医务人员在诊疗活动中未尽到与当时医疗水平相应的诊疗义务,导致右手缺如先天畸形残障儿出生,给原告家庭和社会带来沉重的精神负担和经济负担,医方的失当诊疗侵害了原告的生育选择权,造成严重后果,应当承担赔偿责任。"医院的代理人答辩:"患儿目前所出现的一系列先天性畸形在产前未能检出,是限于胎儿胚胎发育原理和现有超声检查认识的客观有限性,并非我方主观原因漏诊所致,况且患儿残疾系先天性和我们的诊疗行为没有任何关系。"鉴定会召开前专家们已经仔细查阅了鉴定资料,对其他四次超声检查没有异议,但那次系统超声筛查的报告单中描述"胎儿四肢蜷缩,显示欠清",于是专家向双方进行了调查。

首先,专家向小梅提问:"悠悠妈妈,系统超声筛查的报告单中描述'胎儿四肢蜷缩,显示欠清',这个情况你注意到了吗?医生对你怎么解释的?"

小梅回答:"我没注意,我只是看到最后结果说'无异常',就放心了。医生也没有说啥。"

接下来,专家向医生提问:"对这种情况你是怎么思考的,有没有向患者解释？有没有告诉她孩子可能有异常情况，需要再次复查？"

医生回答："'胎儿四肢蜷缩，显示欠清'这种情况检查过程中时常会出现，当时也没有多想。"

专家鉴定组根据法院移交的鉴定材料及对医患双方进行的现场调查情况，作出如下分析说明：依据《产前诊断技术管理办法》《江苏省产前超声检查操作规范（试行）》和中华医学会编著的《临床技术操作规范（超声医学分册）》等规定，超声检查是孕期和产前检查的主要方式之一，在孕妇的整个孕期内，一般需要进行多次此类检查，但每个时段检查的目的和重点各有不同。其中，早期妊娠主要是明确妊娠囊、胚芽及胎心搏动情况，而筛查胎儿畸形的时段一般为受孕后18～24周内（妊娠中期）。中期和晚期妊娠常规超声检查内容包括如下：一是胎位情况；二是胎儿径线，主要测量胎儿双顶径（BPD）长度、股骨长度（FL）等；三是妊娠是否为多胎；四是检查胎儿是否为无脑儿，是否有显性脑膨出、开放性脊柱裂、胸腹壁缺损内脏外翻、单腔心、致命性软骨发育不全等情况；五是测量胎儿心率，并观察胎动情况；六是确定胎盘位置；七是测量羊水深度。本案医方为孕妇小梅提供的四次产前超声常规检查，对胎儿大小、胎位、胎盘、羊水，及胎儿是否无脑，有无显性脊柱裂、腹裂、心脏外翻等情况进行常规检查，符合相关规范要求。但系统超声筛查的报告单已提示"胎儿四肢蜷缩，显示欠清"，医院就产前筛查技术的风险性和不确定性，没有对小梅及其家属进行书面告知，致使小梅及其家属对医方超声报告理解存在一定的偏差，丧失了知情选择的权利，不能排除因医方未明确告知其超声结果的不确定性而使小梅丧失另选筛查机构获得阳性结果的可能性，医方告知不到存在一定的过错。

笔 者 感 言

法院采信了专家鉴定意见，这件医疗诉讼案件得以调解。正如小梅所说，和他们的期望差得很远，但小悠悠右手缺如是先天因素所致，和医院的检查无关，当事医生一定也很委屈。《中华人民共和国母婴保健法》规定公民享有母婴保健的知情选择权，国家保障公民获得适宜的母婴保健服务的权利，立法宗旨是保障生殖健康、减少错误出生。随着立法和医学技术的发展，近年来"错误出生"引起的医疗纠纷逐渐增多。但因受多因素限制（如母体因素、胎儿体位、握拳、羊水过少等因素），在当前超声技术条件下，常规产前超声检查对诸如胎儿的手掌、手指畸形等较轻残疾确实难以检出，故相关规范也没有作出硬性规定。作为患儿的亲属应当认识到这一目前医学技术难以解决的问题，减少无谓的诉讼。而执行产前检查的医疗机构和医务人员，应当努力提高检查技能，对可疑者建议进一步检查、筛查，甚至进行产前诊断，以达到尽可能减少"错误出生"的目的。笔者建议，医务人员在产前检查时做到多问、多说、多写。多问是指接诊时通过询问孕妇的一般情况，除了确定怀孕时间、身体状况等以外，还应掌握是否接触过可能导致胎儿先天缺陷的物质、有无遗传病家族史或者曾经分娩过先天性严重缺陷婴儿、受孕年龄、环境、饮食、生活习惯等；多说是指通过了解孕妇的上述情况，对异常者或超声检查可疑者，应向当事人和其亲属详细解释说明利害关系,建议其进行针对性检查、产前诊断;多写是指将异常情况、可能发生的风险及进一步检查、随诊等情况如实记录在孕产妇保健手册或病历上。

"好不了"的右腿

有次和几位友人欢聚,其间,初次见面的老李问道:"易主任,你是负责医疗损害鉴定工作的,请问你们医疗损害鉴定是鉴定什么?"

"医疗损害鉴定是就医患双方因诊疗行为发生争议,由第三方组织专家进行评定,为纠纷的调处、判决提供一个专业性意见。"我解释道。

"易主任,那我听说,同样的病、同样的结局,经过鉴定为何有些病人能得到赔偿,有些病人什么也没有得到,这是为什么?冒昧地问一句,这是不是鉴定专家有意偏向一方呢?"老李质疑道。

"哈哈!医疗损害鉴定不同于伤残等级鉴定,比如说伤残鉴定判定的是鉴定时当事人残疾程度,当然情况相似的人伤残等级是一样的。而医疗损害鉴定首先要看诊疗行为是否有过错,有了过错再看有没有关联性,最后才看损害后果或伤残等级。这样,在不了解医疗损害鉴定的人来看,同样的病、同样的结局经鉴定结果却不同，他们是很难理解的。"我笑了笑回答道。

看着老李仍然带有疑惑的眼神，我只能微微一笑。下面我和大家一起分享两个鉴定案例，可能会彻底打消老李心中的疑惑。

案 例 一

刘劲松，男，35岁，从老家来本市从事房屋装潢工作已十年有余，勤劳肯干，加上脑子又活，已在本市安家落户。妻子有时帮忙干点零活，多数时间在家照顾老人、孩子。一个周末，他想着上学的两个孩子已放学回家，妻子已做好了丰盛的晚饭，一家人等他回家，心里充满着喜悦之情。四月份，江南仍是昼短夜长，傍晚不到六点房子里已暗了下来，看着快要完工的吊顶，他犹豫了一会，收工明天再干要浪费大半个上午，还是坚持一会赶完工程，明天好去下一家。于是他又爬上了两米多高的梯子。半个小时过去了，终于干完了活，下梯子时不慎踩空跌倒在地，右膝着地，随即右膝钻心的疼痛让他差点晕了过去，看着肿胀的右膝，稍稍的活动都会带来剧烈的疼痛。他忍着剧痛拨打了120急救电话，半个小时后120救护车将他送到了医院，医生检查、拍片后，告诉他右胫骨平台粉碎性骨折伴膝关节脱位、内外侧副韧带损伤、前后交叉韧带损伤，必须住院手术治疗。经过医生的解说，他认识到了病情的严重性，电话中他告诉了妻子。住院一周后，右膝的肿胀已明显消退，但仍然疼痛、不能活动，他和妻子用微微颤抖的手在手术同意书上签了名。在三个小时漫长的手术后，他被推出手术室，主刀医师告诉他们手术很成功，只要后续没有问题应该不影响日后恢复，他被推入普通监护房，妻子终于松了一口气，心也定了下来。

到了深夜，麻药作用渐渐减轻，小刘缓缓地睁开了眼。刚刚醒来，输液瓶里的液体一滴一滴落下，水滴的声音在耳朵里格外清晰。他正打算挪一下右腿，随即传来的疼痛让他瞬间清醒了不少。

妻子看见了，焦急地凑了过来，眼里满是热切的关怀。小刘微微笑了一下，拍拍妻子的手让他安心。不小心牵动了右腿，那疼痛感又从膝盖席卷而来，他不由得倒吸了口凉气。妻子帮他把床头摇起了一些，小刘看到自己的右腿已经被厚厚的纱布包裹，白色的纱布让他的思路陷入空白。紧接着是恐惧与焦躁，他怕自己会失去右腿而无法工作，怕自己要永远躺在床上不能动弹，他是家里的支柱，上有老下有小都得他来照顾，他不能倒下。妻子站在一旁看着神色复杂的小刘，低头看了看病历卡，专业术语也不太明白，只看得懂"关节脱位""粉碎性骨折"这些字眼，妻子内心又沉重起来，拿着病历的手无意识地攥紧。

妻子安抚小刘道："没事的，只是骨折，好好休养还是能好的，又不是绝症，怕什么，家里有我呢……"可是，小刘的心情愈发复杂，现在唯有祈祷时间过得快一点，能让自己的腿早日恢复。

第二天一早，医生进来查房，查看了手术后复查的 X 线片，看了看小刘的情况后说了声："恢复得不错，半个月后应该就可以出院了。"医生的话给他和妻子吃了颗定心丸，一夜紧绷的心弦终于松了下来。

小刘在医院住了三个多礼拜后遵照医生的建议出院在家休养，小刘坐在轮椅上望着自己的腿，一声不吭，虽说现在是出了院，但这腿还是不知道什么时候才能好起来。妻子也知道丈夫的担心，想让小刘不要胡思乱想，便推着轮椅有一句没一句地聊着。

接下来漫长的三个多月里，小刘的腿并没有太大好转，活动时仍然疼痛，右膝有点肿胀、变形，不能着力。出院三个月后小刘再次住院，医生手术取出了上次手术时植入的钢板。刀口愈合后医生要求出院，小刘问他的右膝为啥还疼痛、不能着力，医生告诉他还没有到时间，继续修养。又是漫长的三个月，小刘的右膝还是肿胀、变形，不能着力。渐渐地，小刘和妻子对医生的解释失去了信任，他们越来越着急，这前前后后花了那么多钱，住了那么多天院，遭了那么多罪，浪费了那么多时间，浪费了那么多人力物力，为什么这右腿还不见好？他们心里开始起了芥蒂，总觉得这么多天的人力物力财力是打了水漂，不由得心中开始责备小刘的主治医生来。

失去对医生的信任后，小刘到了市内另一家医院就诊，接诊医生查体后，建议作 MRI 检查以查明病情。右膝关节 MRI 检查报告："右胫骨平台骨折固定术后改变，关节面不规整，右膝关节积液，右膝内外侧半月板前后角 2 级损伤；右膝关节退行性变。"接诊医生建议再次手术治疗，并且告诉小刘："半月板损伤属于软组织撕裂，自行修复很难，目前只能通过微创手术来治疗，手术费用比较昂贵，而且对医生技术要求很高，同时手术难度及危险度很高。"

小刘和妻子找到了首次为自己诊疗的医院投诉，他们认为伤情未见任何好转是医方的不当医疗行为造成的，"我前前后后几个月泡在医院里，到现在一条腿都没治好，医院是不是该给我个说法？我那么多天没有上班，家里的积蓄全用来看病，医院是不是该给我赔偿?"但医生也觉得很委屈:"所有治疗都是按规范来的,小刘受伤严重本来恢复就慢一点,患者术后也不听我们建议进行功能锻炼,我们也没有办法啊。"

双方各执一词,难以达成共识。小刘便向法院提起了诉讼,法院向我们办公室委托进行医疗损害鉴定。鉴定会上,专家组成员依据事实作出如下分析:小刘高空跌落致右胫骨平台粉碎性骨折伴膝关节脱位、内外侧副韧带及前后交叉韧带损伤,原发伤较严重,胫骨平台为松质骨,术中难以绝对恢复软骨面的平滑,再加上软骨及韧带等再生能力极低,后期常遗留关节功能损害,其原发伤是造成患者目前人身损害后果的原因之一;小刘外伤致右膝胫骨平台粉碎性骨折并发多韧带损伤,伤情较严重,术中应尽可能恢复膝关节面的平整及韧带的完整性,依据医院提交的手术记录及后续小刘 X 线、CT 及 MRI 检查所见,当事医生手术中对小刘胫骨平台骨折复位不到位、未修补外侧副韧带,存在过错,给小刘右膝关节功能的恢复造成了一定的影响,医院应承担相应的赔偿责任。

案 例 二

李东海,男,55 岁。老李有一家小企业,虽说不大但经营有方,在当地小有名气。老李人到中年,但因保养有方,加上经常参加锻炼,较同龄人明显显得年轻。一天,有一个重要的应酬,城乡交界处路上车辆稀少,老李开着轿车奔驰在宽阔的公路上,外面下着小雨,天色已暗。突然,路边树丛中窜出一只小狗,老李下意识地打了一下方向盘,车撞到了路边的树上,老李昏了过去。不知过了多久，老李慢慢醒了过来，他想下车看看，随即右腿钻心的疼痛让他出了一身冷汗，他忍着剧痛拨打了120急救电话。很快到了医院，接诊医生询问病史、体检后考虑右腿骨折，开出了检查单。半小时后检查结果出来，X线检查报告：右胫骨平台粉碎性骨折伴移位，腓骨近端骨折。这个时候，家人们也赶到了医院，医生告诉他们："老李右膝关节损伤很严重，胫骨平台粉碎性骨折、移位、塌陷，不能排除还有韧带及半月板损伤可能，这种伤的治疗以恢复膝关节面的平整、韧带的完整性及膝关节活动范围为目的，非手术难以奏效，需住院进一步检查后手术治疗。"入院后，医生做了跟骨骨牵引术，并进行了脱水消肿、抗炎、止痛、补液等治疗。CT右膝关节三维重建＋膝关节平扫及MRI左膝关节平扫检查提示：右胫骨平台粉碎性骨折、移位，腓骨近端骨折，内外侧副韧带损伤，外侧半月板损伤。手术前医生告诉老李："你右膝的损伤很严重，术中我们尽可能地复位骨折、固定，修补损失的韧带和半月板，但是今后关节功能极有可能会受影响。"老李和家人私下认为这是医师吓唬他们，没有说得这么严重，随后在手术同意书上签名。手术进行了三个多小时，出了手术室，主刀医生一边擦汗一边告诉他和家人，老李右膝的伤情比X线、CT和MRI上显示的还要重，术中已尽可能地复位了粉碎的骨折片，用钢板牢靠固定，并且修复了损伤的韧带和半月板，但还要继续观察治疗，今后还要加强功能锻炼。术后老李看着一天天消肿的右腿，心情一天天也好了起来。两周后，输液治疗结束，刀口已愈合，医生只是指导功能锻炼，老李觉着住院没有意义，况且企业最近很忙，便要求出院。医生劝说无效后，为老李复查了X线片，医生指着片子告诉他："老李，X线检查看出你的骨折复位还好，固定钢板位置也好，但是膝关节损伤后期的功能锻炼很重要。你一定要出院也可以，但是别忘了定期随诊、功能锻炼。"随后，医生为老李办理了出院手续。出院医嘱："1. 患肢抬高，支具固定四周；2. 定期门诊摄片复查；3. 积极功能锻炼，在医生指导下逐渐负重活动。"

出院后，老李在家休息了一个多月，家人劝他按照医生的吩咐应该到医院复查。老李觉着右膝虽然还有点隐痛，但肿胀已完全消退，俗话说"伤筋动骨一百天"，再休息休息应该就好了。随后，老李继续休息，每天在床上自己活动活动右腿。在接下来的日子里，大家好像渐渐地忘记了曾经受伤的右腿，老李也没有放在心上，渐渐地扶着拐杖往企业去的次数也增多了。

过去了一段时间，老李发现自己的右膝关节仍然活动受影响，并且又出现了肿胀、疼痛等不适，越来越重，他才想起到医院复诊。医生查体发现"右膝下手术瘢痕愈合良好，右膝关节伸屈活动明显受限"，诊断为"右胫骨平台骨折术后，右膝创伤性关节炎，右膝僵硬，外翻畸形"，建议"手术治疗，加强右膝关节功能锻炼"。随后老李再次住院，医生为他做了"右膝关节松解术"。

又是半年过去了。老李觉着右膝关节比二次手术前好多了，但还是不能和受伤前一样伸直，走路不稳，走多了仍觉着疼痛。老李再次到医院复诊，医生检查后告诉他："老李！你的右膝现在情况是因为当时受伤比较重，加上第一次出院后没能及时功能锻炼造成的。现在也没有好的治疗办法，只能是加强功能锻炼。"但是老李不这么考虑，他认为一定是医生的手术没做好，造成创伤性关节炎及现在的一切后果。经过多次的协商、调解，老李认为没有达到他的要求，随后一纸诉状将医院告上了法院。

医鉴办受理了老李的医疗损害鉴定，一个多月后，鉴定会如期举行。鉴定会上，医院代理人态度很明确："我们在对老李的诊疗过程中无违反医疗卫生管理法律、行政法规、部门规章和诊疗护理规范与常规的过错行为。老李目前的不良后果是其疾病和不遵医嘱及时复查、功能锻炼所致，医院不承担赔偿责任。"

鉴定组专家对医患双方进行了必要的调查询问，对老李进行了现场体检，依据鉴定材料及对双方当事人现场调查情况进行分析讨论，经合议形成鉴定结论如下：（1）根据老李的外伤史、临床症状体征，结合X线片、CT和MRI检查所见，老李原发伤系右侧胫骨平台粉碎性骨折Ⅴ型、伴左腓骨小头骨折、左膝外侧副韧带损伤、左膝内外侧半月板前角及后角损伤，属关节内不稳定骨折，非手术疗法难以奏效。（2）本案医院对老李的病情诊断明确，行"右胫骨平台切开复位内固定术"有手术指征，无手术禁忌证，手术选择及固定方式符合医疗规范、常规；术后处理正确，且已指导、告知了功能锻炼，无过错行为。（3）胫骨平台为松质骨，位于关节内，骨折的类型多种多样，无论用什么方法治疗，都难以绝对恢复软骨面的平滑，再加上受损伤软骨的再生能力极低，后期常遗留骨关节炎改变或关节稳定性差。老李目前右膝功能障碍，是其原发伤严重加之没能及时功能锻炼所致，与医院的诊疗行为之间无因果关系。

笔 者 感 言

近年来，随着工农业的快速发展、交通运输业的突飞猛进，现代国人的生活节奏不断加快，高空坠落、交通事故等导致的病人明显增加，其中以四肢骨折等损伤为常见。膝关节作为人体支重关节，容易遭到创伤。胫骨平台骨折属膝关节内骨折，胫骨平台为松质骨，位于关节内，骨折的类型多种多样，创伤较重时，难以绝对恢复软骨面的平滑，再加上受损伤软骨的再生能力极低，同时胫骨平台骨折时常常合并有内外侧副韧带损伤、前后交叉韧带及半月板损伤，更进一步增加了治疗难度。后期常遗留骨关节炎改变或关节稳定性差等症状，导致关节功能障碍，容易引起医疗纠纷甚至诉讼。

  膝关节损伤好发于青壮年，预后不良时给家庭、社会带来巨大的负担。而膝关节损伤的预后与原发伤的严重程度、治疗是否及时恰当、病人是否配合治疗等诸多因素相关，不能一概而论。日常工作、生活中，遵守交规、谨慎驾驶，避免交通事故，规范操作，避免工伤事故等，是预防关节损伤的最佳途径。受伤后及时就诊，遵医嘱及时、规范地功能锻炼是功能康复的前提条件。而医务人员明确诊断，术中尽可能骨折复位、牢靠固定、合理修补韧带等组织，术后指导关节功能锻炼是减少伤残的必备条件。医疗损害鉴定中，专家组判断医院是否承担赔偿责任及赔偿比例的依据是医务人员是否尽到了合理的诊疗义务。案例一中手术医生在手术中对小刘胫骨平台骨折复位不到位、未修补外侧副韧带，不可避免地对小刘关节功能的康复造成了一定影响，应当承担一定的赔偿责任；而案例二医务人员对老李的病情诊断明确，手术选择及固定方式符合医疗规范、常规，术后处理正确，且已指导、告知了功能锻炼，已尽到了合理的诊疗义务，医院不承担赔偿责任，老李右膝功能障碍是其原发伤严重加之没能及时功能锻炼所致。

不该发生的悲剧

医鉴启示录

倔强的老张

江南的酷暑对于体质差的老人而言，曾经不啻噩梦，更是生死考验。这情形一直持续到空调普及，溽暑的燠热才不再可怕。但是王老汉和老伴依然故我栖居老屋，连空调都没有装。张老汉日子过得紧巴，也有他自己的盘算。他年轻的时候，风扇都是稀罕的物件，夏天还不是照样过。老两口是土生土长的本地人，饭稻羹鱼，熟谙农事，认为夏天就应该是熬炼般的酷热，那是人要应着时令出汗排毒的季节；浸在水田里的稻谷，更需要太阳火一样的炙烤，才能灌满浆，颗粒饱满，迎来丰年。

张老汉是应着时令过日子的农民，知道这些朴素的道理。近二十年来，江南农村人家，普遍迁居自造的别墅。楼上楼下，电灯电话，先是彩电冰箱空调之类的电器普及，近些年连轿车也普及了。村里人看张老汉和老伴上了年纪，依然住在昏暗逼仄的老屋里，就建议他好歹装个空调,应付酷暑的燠热。

"夏天出出汗,百病不近身。"张老汉说,"原来电风扇都没有,不照样过来了?现在的人娇气了,没空调就不能过。原来我们大夏天也要头顶着日头,下地干活,也没听说哪个就给晒死了。"

人家一番好意劝说,却给张老汉数落一通。几次三番,也就不再多说,只是心里明白:他是煮熟的鸭子——嘴硬。张老汉并不是不想装个空调,实在是家里困难,光阴窘迫,加之平素节省惯了,更不愿意凑出血汗钱,请一个用起来还要花钱的主子供着。

张老汉一生属鸡——地里刨食吃的。可是上了年纪,农活干不动了,只能在老屋前面的一小块地里,种点自食的菜蔬。老两口没文化,更无除了下地干活的其他本事。生育的一儿一女,儿子早年去世,女儿嫁人,在乡镇医院做保洁。张老汉的老伴自从儿子过世以后,白发人送黑发人,心里承受不了,得了冠心病和轻度的忧郁症,身体不好,也没有其他收入补贴家用。村干部看张老汉日子过得紧巴,想安排他到就近的厂里上班,可是张老汉没技术,也上了年纪。村干部退而求其次,就安排他扫厕所,好歹有点收入补贴家用。

不该发生的悲剧

张老汉本来不想扫厕所,可是看看老伴表情僵硬,鲜言寡语,佝偻着身子拣菜烧饭,顿时心里一紧。光阴艰难,老伴身体不好,只要是个差事,不管挣多挣少,好歹也是进账。于是领受了村干部的一番好意,管理镇上安排的几间厕所。这样一来,张老汉也算是上班的人了,每日早晨,他都带上饭菜,外出打扫厕所。老伴就留在家里,洒扫庭院,生火做饭,再照看门前那一块二十平方米不到的菜地,女儿偶尔抽空回来帮衬。日子不再似往昔那样吃紧,虽然不是太宽裕,到底过得下去。

张老汉一生侍弄土地,到镇上扫厕所算是他有生以来的第一份工作。没想到接触了镇上的各色人等,开阔了眼界,心思也活泛起来。尤其是看到镇里的工作人员,为了给孩子吃一只家养的土鸡和草鸡蛋,四处打探,大费周折。张老汉就想着自家那不大的一块田,他和老伴没力气种,女儿曾建议租给外地人,几次三番也没谈下来。张老汉没有合作双赢的概念,总觉得人家租自己的地种,就是占了便宜,结果列出来的条件,吓跑了几波承租人,地也就一年一年地荒着。

这要是围一圈篱笆,养百十只土鸡,供应镇上讲究的人们,近水楼台,知根知底,根本用不着到处推销,只需要头一日订好土鸡和草鸡蛋的数量,次日上班带到镇上即可。真要来不及,索性辞了这扫厕所的工作,专心养鸡采蛋。真的上了规模,女儿也不必在镇上的医院当保洁员了,回来一起养鸡。那时候,他张老汉就是养鸡专业户了。专业户是改革开放初期,对农村有能耐能折腾的人的一种称谓。张老汉没文化,却还记得这个曾经流行的热词,心里也美滋滋地做着养鸡专业户的美梦。

今年的夏天,酷暑天气开始了。一连四十天,都是35℃以上的"桑拿天"。张老汉活了六十多岁,也没有经历过这样持续的高温天气。以他的经验,媷暑的燠热,惯常也就一周左右,然后会有反复,但到了夜晚,多少会有些凉意。入秋以后,白天秋老虎会发威,晚上却是一派清凉。到了那个时候,再难熬的夏天,也会成为过去。

在持续高温的天气里,张老汉还是和往常一样,坚持上班扫厕所。天气热了，工作的场所味道很大，但是对于张老汉来说，这根本不算什么事。原来江南农民的厕所，就是田间地头的大缸，半截埋在土里，上面撑一块木板，人要大小解，就晃晃悠悠走上去，蹲下来，其间少不了苍蝇蚊子光临"照顾"，也是不得已的事儿。国以民为本，民以食为天。中土以农立国，便溺排泄物，自是上好肥料，所以要用心保留，以为肥地养田之用。

原来中国，地无分南北，人畜粪便，都要小心收集起来，以为肥田之用。区别在于：北地拌成粪土，用毛驴或独轮车、架子车运到田里，播种时扬散开来，以其肥力，滋养麦种发芽生长；南方用大缸收集便溺，直接挑到田里，用长柄的勺子舀着泼洒到田里，味道自然很大。但是没有这大粪的臭，也就没有稻谷菜蔬的香。尤其是入秋以后，给每朵青菜的根部浇上粪尿，这种农家有机肥催生出来的青菜，霜打以后，真是鲜香好吃。

大暑的那一天，张老汉扫了一天厕所，回到家里，看到老伴侍弄门前菜地里新长出来的一茬鸡毛菜，就顺手接上活计，让她起火烧饭。一方鸡毛菜，已经被太阳晒得蔫头巴脑，看上去很不精神。张老汉寻思着应该上肥，但是天气实在太热。他掏了一天的厕所，虽说是入鲍鱼之肆，久不闻其臭，但是在晚饭前，张老汉也不愿再闻那刺鼻的味道，就挑水浇地。这几天热得邪乎，鸡毛菜和人一样，晒了一天的太阳，已经渴得半死，看上去差不多就是中暑的样子了，先让其喝足水，改天再给补充营养。

太阳偏西，蝉鸣聒噪。张老汉浇好那一方不足二十平方米的菜地，已经热得汗流浃背。他放下挑水的橡胶桶，进屋喝了一大杯凉开水，就躲在屋檐下，点燃一支烟，眼见眼前的鸡毛菜，似乎精神起来了。张老汉放眼望去,田里的水稻,已经抽穗泛黄。张老汉突然想起来,晚饭后要到田间地头走一走、听一听稻谷生长的声音,再看看自己那一片荒芜的自留地。夏天过后,他准备把地扎上篱笆,圈起来养鸡。

张老汉正寻思着,女儿骑着电动车回来了。一边抱怨天气,一边拎着一塑料袋的卤菜进屋,说是猪耳朵,给爸爸晚饭当下酒菜。

父女俩正说着闲话,张老汉的老伴就在屋里喊叫,要女儿帮忙烧饭,说感觉头晕不舒服,要歇一会儿。女儿听说了,急忙钻进屋里,叫一声热,就让妈妈歇下来,自己在灶台前忙乎。

张老汉随即进屋,看到老伴歪斜在竹椅上,一幅没精打采的样子,急忙端过去一碗水,让老伴喝了,扶她躺在床上,把电风扇对着她吹。

电风扇吹出来的热风,不舒服。老伴有气无力地说:"你还是拿那个大蒲扇,给我扇风吹吧。"

这个天气,风扇还是要吹的。张老汉把电风扇调到最小档,捡起床头的蒲扇,对着老伴扇风,就看她浑身上下,水洗一样全是汗。

这天气真要热死人了。女儿从厨房端来炒好的几样时令菜,摆放在靠墙的方桌上,说:"你们也装个空调吧,我出一半的钱。"

"装什么空调。"张老汉盘算着养土鸡,正愁钱不够用呢,一口回绝了女儿。不过他也不想和女儿商量,他想等天气凉了,再向女儿说,到时候钱真不够用,就和女儿借点。

"我妈身体本来不太好,我就怕她扛不住。"女儿说,"没见过这么热的夏天。"

"再热也会过去的。"张老汉问老伴,"你说,要不要装个空调?"

"装什么空调,买来还要用电,那不都是钱呀。"老伴强打起精神,从床上坐起来,说,"饿了,吃饭。"

中暑之后

7月23日清晨,江南夏天的一天开始了,又是蒸笼般的天气。老年人瞌睡轻,张老汉天刚蒙蒙亮,就早早醒来了。让他奇怪的是,平素比他起得早的老伴,竟然瘫在床上,浑身上下,都是水洗过一样的虚汗,摸上去滚烫,明显是发烧的症状。

电风扇还在呼呼地送着热风,张老汉叫了一声老伴的名字,见没有反应,心里一紧,呼喊着老伴的名字,晃动着她的身体,却发现老伴已经神志不清,陷入半昏迷的状态。

张老汉呼天抢地,招呼几位村人,将老伴紧急送到市里的一家医院抢救。太阳出来以后,张老汉心里一时很空,就想着昨晚老伴已经说身体不舒服,他没当回事,晚饭过后,女儿回自己的家去了。当时他看老伴病恹恹的样子,就在她额头敷了一条湿毛巾降温。说了几句闲话,老伴有一搭没一搭地应着。张老汉也没当回事,不知不觉睡着了。想不到就一个晚上,老伴已经烧得神志不清了。

张老汉想到这里,急忙给女儿打电话。女儿刚到镇医院上班,听说以后,就风风火火赶过来。这时候病人已经抢救结束,处在半昏迷的状态,躺在病床上挂吊针。女儿问挂的什么针,医生说是补钾，说着，催促家属交费。

张老汉走得急，没带现金，女儿带的钱，勉强凑齐交了医药费。女儿看看诊断书，那上面龙飞凤舞的字，她认了一会儿，也只认出"中暑、肺部感染"几个字。她心里一动，就对父亲说："爸，我妈中暑了，这不是什么大病，还是转到我们镇医院吧，那里的医生我都认识，能省则省，这里的费用高，照顾也不方便。"

张老汉心里一片空白，由着女儿办出院手续。就眼睁睁地看着老伴，逐渐从昏迷中醒过来，神志转清，只是连说话的力气都没有。

医生说病人还没有脱离危险，应该观察一天。张老汉的女儿就说市里不方便照看，要转到镇上医院，这样更加方便。

医生见劝说无效，也不多说。由着张老汉父女两人，费了一番周章，把病人转送到镇医院。张老汉的女儿熟门熟路，办了住院手续，把老母亲安排住院。门诊上的登记是"意识障碍"收住院。

当时的入院情况是：病人既往有冠心病史，有忧郁症病史，神志尚清，发音模糊，平车入院，皮肤黏膜无黄染，无瘀点，无瘀斑，无出血点，皮下无结节，无水肿，无蜘蛛痣，无肝掌，毛发正常，浅表淋巴结无肿大，头颅无畸形，右侧眼部跌伤、肿胀、少量出血，巩膜无黄染，结膜无充血，双侧瞳孔等圆等大、对光反射存在，口唇不绀，伸舌居中，颈部无抵抗感，气管居中，颈静脉无充盈、无怒张，双侧甲状腺无肿大、无血管杂音，胸廓正常，双侧呼吸运动对称，两肺呼吸音粗、无明显干湿啰音，无胸膜摩擦音，心率120次/分、心律不齐，无病理性杂音，腹部平坦，未见手术疤痕,无腹壁静脉曲张,腹壁柔软,全腹无压痛及反跳痛,肝肾区无叩痛,肠鸣音正常,肢体活动能力差,双下肢无水肿。

张老汉听从女儿的话,把老伴转到乡镇医院,看着女儿和这个医生那个护士热络地打招呼,心里顿时坦然起来。一天里的时间,就陪着老伴,看她时而昏睡,时而清醒,精神总是萎靡不振,就想着中暑的人,好好休养一天,等体力恢复了,就不会有大碍。

当天晚上,张老汉拉开一张折叠椅陪床,睡前还给老伴打气说:"中暑了,好好养病,养好了回家,还指望你一道养鸡呢。"张老汉说着,看着老伴微微地点头却没有说话,就知道她明白自己的意思,头一歪就睡着了。只是夜里被空调的凉气冷醒,发现老伴控制不住尿床了,喊护士照应,一连换了好几块兜裆布。护士建议换尿不湿,这样省事。张老汉舍不得花钱,就让女儿把医院保洁时收罗的边角布料,撕了几块,给老伴衬在身子底下。他有些奇怪,这昏睡的病人,哪里来的这许多尿。

次日一早,天还没有完全放亮。张老汉突然发现老伴精神萎靡,口齿也不清,畏寒,头痛,全身乏力,大小便失禁。症状非但没有缓解,分明更加严重了。张老汉情急之下,找值班护士,护士正打瞌睡,就让他去找医生。折腾了七八分钟,一旁的患者看病人已经危险了,也吆喝起来,医生才赶到病床前询问病情、检查病人。不到半小时,病人瞳孔散大,无呼吸,无心跳,被医生宣告死亡。

"好好的一个人,到医院就没了。"

张老汉感觉天都塌下来了。他无法接受老伴死亡的现实,就和医院交涉，交涉无果，张老汉和女儿便将镇医院告上了法院。

笔 者 感 言

收到法院鉴定委托书后，医鉴办审核委托事由和鉴定材料后发出受理通知。一个月后鉴定会如期举行，鉴定会上，专家根据法院移交的患者就诊病历等资料认真分析患者的病情，结合当事医院和张老汉与女儿的陈述，专家经过合议给出了如下分析意见：本案患者年老体弱，未能在大暑天气采取必要的防护措施，导致中暑，发病后先送到市级医院救治，病情有所缓解，在患者的病情尚未脱离危险期时，家属不听医生劝告将患者转移到乡镇医院，患者及其亲属的不当行为是导致患者死亡的因素之一。而镇医院在对患者的诊疗过程中存在以下过错行为：（1）针对患者的血钾补充严重不足，没有动态监测，致使患者发生低钾血症；（2）对患者的病情观察与处理不规范，未记录患者的尿量，不规范使用退热药物，病情变化没有分析；（3）未实施抢救，在患者病危时没有补液，没有按医疗核心制度执行抢救措施；（4）沟通告知不到位，病重通知没有书面告知家属，未执行危急值报告制度、抢救制度。镇医院上述诊疗过错行为亦是导致患者死亡的因素之一。综合上述分析，专家组给出鉴定意见：患者及其亲属的不当行为和镇医院的诊疗过错共同作用导致患者死亡后果。

鉴定后医患双方对鉴定意见表示接受，法院参照鉴定意见进行了判决，本次医疗纠纷得到了解决。一夜之间，张老汉就是孑然一身了。他追悔莫及，当初要是装个空调，老伴也许不至于中暑，当初如果听从市级医院医生的劝说继续治疗，老伴也有可能得救。但人间没有后悔药，他佝偻身子骨，谈到自己不幸去世的老伴，老泪纵横，泣不成声，直让人唏嘘。几十年的老夫老妻，平日里扶持着过光阴。一个遽然谢世，一个孤苦伶仃。末后的日子，教这可怜的老人，如何捱得下去。当事医院及医生感觉也很委屈，他们和张老汉一家人都很熟悉，平素也都彼此信任。没想到临到事了，患者家属竟然找律师打官司。乡镇医院的医生生活在乡镇的熟人社会里，根本想不到会走到这一步。当然，这也是一个深刻的教训，提醒他们在以后的行医中，无论熟人与否，都要执行基本的医疗制度，手续齐全，程序完善，既能有效避免医疗纠纷，也是对自己职业生涯的一种很好的保护。

感冒也会死人？

医鉴启示录

病来如山倒

"丁零零——丁零零——"张慧娟按下了闹钟，伸了个懒腰，便动作迅速地起了床，看了看窗外的天气。今天又是一个好天气，小区里一片春意盎然。她走进卫生间洗漱，吃好了早饭，动作熟练地收拾好了装束，便去上班了。

张慧娟是个性格开朗的人，两个儿子事业有成，孙子孙女也已长大，不需自己操心，她以前在财务部门工作，退休后经熟人邀请在企业帮忙干财务，有时间经常到车间里帮帮忙。她虽然已年过七旬，但是看起来身体还算硬朗，虽然退休体检时发现患有糖尿病，但十几年来通过吃降糖药血糖控制得还好。四天前受凉，有点鼻塞、流鼻涕，自己吃了点感冒药，现在虽然还偶尔咳嗽，想想没有大的问题，也没啥要特别注意的。

上午，慧娟像往常一样上班。到了午饭时间，她跟几个要好的工友们有说有笑地去食堂吃饭,"咳咳——"可能是感冒还没好利索,她有一声没一声地咳嗽了几下,也没在意,就是有点胃口不太好,想吃点容易消化的东西,便叫上了跟她最要好的刘阿姨一起去吃面。吃完之后,两人一同往回走,这个时候,慧娟突然开始急促地咳嗽起来,并时不时往外呕吐,全身出冷汗,脸色很不好看,看起来很虚弱。刘阿姨大惊失色:"娟子,你咋啦?感冒这么严重,要不要去医院?"

这个时候,慧娟越来越虚弱,她很吃力地说话,但是声音还是很虚弱:"去吧,咳——打电话给我儿子——咳咳——"一边说一边控制不住自己很难受地咳着。

刘阿姨心疼地扶着慧娟,拿起了慧娟的手机拨通了她小儿子的电话:"喂!是周华吧?你母亲身体不舒服,好像是这两天感冒吧,她刚刚咳得很厉害,午饭都吐出来了,快过来一起送她去医院!"

"我妈怎么了?她情况还好吗?"周华紧张起来,对着电话那头呼喊着,"妈,你撑住啊,等我,我就过来!""啪!"电话立马就挂断了。不到半小时,慧娟的儿子便赶到她工作的地方,儿子看到她的时候,慧娟还在一直咳嗽、呕吐。儿子二话不说,动作敏捷地把她抱上了车,驶往阳光医院。

一路上,原本的鸟语花香在慧娟和儿子的耳朵里,听起来格外的嘈杂,加上又晕车,她在车上多待一分钟都觉得是煎熬。"咳咳——"慧娟止不住咳嗽,面目通红,刘阿姨举着塑料袋放在慧娟的面前,防止她呕吐在车上,并轻轻地拍着慧娟的背:"没事的,想吐就吐,没事的!""咳咳——"一声猛烈的咳嗽声。

刘阿姨看到慧娟开始往袋子里咳血,虽然不多,但是刘阿姨还是很担心慧娟的状况，于是焦急地催着慧娟的儿子："周华，车再开快点，快！"

"我知道！"周华几近用吼叫的方式回应，他比任何人都担心母亲的身体状况，他把方向盘捏得死死的，仿佛担心别人看出他手心里的汗水。

"到了！快下车，去挂号！挂急诊！"周华着急地催着刘阿姨。

"慢点，小心点扶着，拜托刘阿姨了，我先去停车，大哥也过来了，我去接他，待会儿我就过来。"刘阿姨搀扶着慧娟，小心翼翼地去挂了号，来到了医生面前，这时周华和他哥也赶过来了："妈，我们过来了，别担心。"

慧娟努力地克制自己不要咳嗽，但还是忍不住咳嗽出来，咳出的血也越来越多，由刚刚的血丝，变成了血块，大儿子周雄接过医生递过来的纸巾，帮慧娟擦着嘴角的血丝。医生询问着病情，慧娟边咳边说着，眼眶红红的，任谁看了都知道她有多难受。护士也过来量体温、血压等，这时慧娟全身冷汗，口唇发紫，医生听了听心肺，说体温还算正常，但血压高，心率快，肺上有啰音，考虑肺炎，但病人咳血，还需观察、检查，便开出了抗炎、止血、止吐的药和检查单。按照医生的要求，两个儿子扶着慧娟去做了各项检查，一个小时后检查终于做完了。儿子拿着拍完的片子和化验单送到医生手上，紧张地等着医生说出的每一句话。医生说："你母亲的咳血止住了，肺部的感染较重，现在病人呼吸功能不全，还需要住重症监护室气管插管。"儿子似懂非懂地聆听着医生的交代。此时慧娟虚弱到已经无法走动，斜靠在门口的长椅上，什么都不敢问，生怕有什么不好的病情发生在她身上，但是，又想知道自己到底生了什么病，于是探着头看了看，看儿子在里面跟医生嘀咕着什么，但是声音太小了，再加上自己身体实在虚弱，控制不住自己咳嗽的声音，房间里外除了自己的咳嗽声，其他什么声音，慧娟都听不到。过了会，儿子红着双眼走了出来，说："妈，现在血止住了，肺部有点感染，不要紧，气管插管吸吸氧，消消炎就好了！"慧娟她自己心里也不知道这种病到底有多重，没有想太多。傍晚慧娟被两名护士送进了重症监护病房之后，慧娟心里也有数了，知道了自己病情的轻重了，躺在病床上，望着天花板，眼泪伴随着止不住的咳嗽声，吧嗒吧嗒地流下来。

两个儿子想想母亲的咳血已经被止住，肺上有点严重，以现在的治疗水平应该没有问题。由于重症监护病房不让家属轻易地出入，他们只能在重症监护病房外干着急，没有办法去探寻情况，只能坐在外面干等。时间在缓慢地流逝，一个又一个钟头过去了，大儿子和二儿子直在重症监护病房门外打转，坐也不是站也不是，他们看看手机已是晚上8点多。这时，一个年轻医生走了出来，告诉他们："你母亲的心跳越来越快，再这样下去，可能会出现心衰，我们会尽力抢救的。"兄弟俩也没有当回事，总觉着医师小题大做。重症监护病房内，慧娟越来越躁动，心率越来越快，达181次/分，血氧饱和度下降，开大吸氧流量也只能维持在90%左右。医生给予微量镇静剂，使得慧娟的心脏暂时得到缓解，同时予支气管镜检查和肺泡灌洗、强心等治疗。在一个接着一个的救治过程后，慧娟的病情没有明显好转。医生脸上流出了细密的汗珠，却又不敢擦拭，生怕中间出了什么疏漏，仍然在忙碌地抢救。

周华兄弟俩仿佛是两个无助的孩子，在监护室外焦急地等待

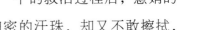

着。已经是晚上十点了，兄弟俩到现在一口水都没喝，周华的妻子下了班之后，不忍心丈夫就这么饿着，于是从家里煮了点便餐带了过来。周华的妻子拎着饭盒坐在了他旁边，又递了一份给周雄，说道："你俩都吃点，自己身体也要照顾好！""知道了。"周华有气无力地说着，顺手打开了便当盒，顺势随便塞了两口。这时，监护室的红灯开始亮了起来，兄弟俩还没吃两口，看到红灯亮了，立马将饭盒扔在了板凳上，跑到监护室的门口，死死地盯着监护室门露出的一个小缝隙。

"让一下！"这时候，出来一个医生，"张慧娟病人的家属在吗？"

"我是！我是！"周华和周雄两个人争先恐后地应着。

医生拿着一张表格说道："病人情况很不好，家属签完字可以进去看一下，希望有点心理准备。"

他俩看也不看，迅速地签完字，想要去看看母亲现在的情况。走在监护室的长廊上，各种刺耳的声音充斥着他们的耳朵，他们无暇顾及，疾速地跑到母亲的那间屋子，透过落地的玻璃门窗，能清楚地看到医生在给母亲做最后的挽救，医生双手按压在母亲的心脏上做着心肺复苏，医生的汗水吧嗒吧嗒地往下流，不一会儿，医生又换用电击的方式给母亲做心肺复苏，这个时候，他们知道，母亲可能真的不行了，也许现在所看到的，就是母亲的最后一面。随后，医生为了不影响主治医生抢救，便让周华和周雄都出去了。直到深夜两点，监护室的灯才停止了闪烁，慢慢地，医生推出了担架。他们看到，担架上的人被蒙上了一层白布。他们仍难以相信母亲已经离他们远去。

感冒真的就必死无疑吗？

办完了母亲的丧事，周华越想越觉得母亲的死亡有蹊跷。就是有点感冒、肺炎，而感冒、肺炎的病人多了去了。怎么可能母亲中午还好端端的一个人，晚上就突然被宣布死亡了？而且，母亲进医院的时候可是在我的陪同下，走着进去的，不过短短几个小时，怎么就盖着白布被推了出来？母亲平时糖尿病一直控制得很好，降糖药也很正常地在吃，早上还跟自己打了电话闲聊，怎么说走就走了？是不是医院有问题？周华越想越觉得有蹊跷，越想越难过。为了给母亲讨回公道，周华聘请了律师一纸诉状将阳光医院告上了法庭。

医学会受理了法院关于周华母亲医疗损害鉴定的案件，按照程序收齐鉴定材料，随机抽取鉴定专家。医疗损害鉴定会的一天终于到来了，周华和聘请的律师早早地就来到了医鉴办，手上拿着厚厚的文件，一直在仔细地翻阅着，生怕在陈述的过程中遗漏了什么重要的环节。没一会儿，阳光医院的医生们过来了，从周华的身边走过，坐在了医方的席位上。双方都没有打招呼，甚至都没有仔细地看对方一眼，冷静地坐在了各自的位子上，翻着自己带来的资料，仿佛要开始一场激烈的辩论。鉴定专家们也都按时到场之后，医疗损害鉴定会正式开始了。首先，周华的律师阐述观点：患者只是有点感冒，因咳血到医院救治，咳血已经止住了，人却死亡，这与医院的诊疗行为之间有关系。医方的代表阐述观点：你母亲是重症肺炎，病情很重，生还概率很低，而且，我们考虑到误吸，还给您母亲做了支气管检查和灌洗处理，并维持电解质平衡，控制血糖等治疗，我们的诊疗行为无过错，患者死亡是其自身疾病的转归。鉴定会持续了近四个小时，鉴定专家对双方进行了细致的调查询问，双方代理人退场。

鉴定专家组成员详细查阅病历材料，结合对医患双方现场调查情况，综观医方对患者的诊疗经过分析如下：根据患者"四天前受凉，有点鼻塞、流鼻涕，自己吃了点感冒药"的病史，此次就诊时"突发呕吐、胸闷1小时余"的主诉、"T 37℃，P 94次/分，R 32次/分，BP 210/112 mmHg，SPO 278%，神清，全身皮肤潮湿，口唇发绀，两肺可闻及细湿啰音"等查体情况，结合血常规、血气分析及全胸片、胸部CT等辅助检查结果，回顾性分析本案患者"重症肺炎、呼吸功能衰竭、咯血、2型糖尿病"诊断成立；诊疗期间医方予吸氧、心电监护及止血、制酸、补液等治疗，后行经口气管插管吸氧及心电监护、呼吸机支持呼吸、胃管留置、抗感染、止血、保肝、维持电解质平衡、控制血糖、镇静、补液等治疗符合诊疗规范。患者死亡原因临床考虑为重症肺炎、呼吸功能衰竭、咯血导致的心、肺等多脏器功能衰竭。本案患者因重症肺炎并咯血就诊，其病情危重、进展迅速，患者所患疾病是导致其死亡的根本因素，与医方的诊疗行为无因果关系。

本案患者就诊时，临床表现为心率快（96次/分）、呼吸急促（34次/分）、血氧饱和度低（75%），及全身皮肤潮湿、口唇发绀、咯血、两肺可闻及细湿啰音等，结合血气分析及胸部CT（双肺广泛渗出浸润），均提示患者病情危重，但医方在诊疗过程中就患者病情的严重程度及不良转归与患方沟通不够。

笔 者 感 言

　　由于医患双方对医学知识的信息不对称、理解不同，诊疗期间医患沟通不够是导致医疗纠纷发生的重要因素之一。肺炎是指终末气道、肺泡和肺间质的炎症，在抗菌药物应用以前，细菌性肺炎对儿童及老年人的健康威胁极大，抗菌药物的出现及发展曾一度使肺炎病死率明显下降，但近年来，尽管应用强力的抗菌药物和有效的疫苗，肺炎的病死率并未进一步降低，甚至有所上升。而老年人咳嗽反射减弱、口腔清除功能及吞咽功能衰退等因素增加了下呼吸道感染的风险，年龄与肺炎的发生和转归密切相关。免疫力低下是老年人肺炎患病率、病死率增高的重要原因。本案患者平常虽看似"身体很好"，但系老年病人，有多年糖尿病病史，免疫力低下，"感冒"四天，出现咳血才就医，就诊时已呼吸、循环功能不全，病情非常危重，其死亡是很难避免的。诊疗期间，医生积极抢救治疗，已经尽到了合理的诊疗义务。但由于诊疗期间就患者病情的严重程度及不良转归与患方沟通不够，患者家属常识性地认为"感冒""肺炎"是常见病，病人预后不好一定是医生治疗有误。

　　医患双方在诊疗过程中的地位和作用有一定的不平等性，医务人员掌握医学知识和技能，在医患关系中处于主导地位。患者相对于医务人员来讲，缺少医学知识，主要是在医务人员的安排下接受治疗，解除病痛，所以处于一定的被动和服从地位。因此，在医疗活动过程中，医务人员应加强与患者的沟通，应主动发现可能出现问题的苗头，同时把这类家属作为沟通的重点对象，与家属预约后根据其具体要求有针对性地沟通，才能满足患者和其亲属对医疗信息的需要，避免不必要的医疗纠纷。

　　总之，在医疗工作中，医务人员需要不断地提高自身的全面素质，掌握沟通的艺术，努力为患者营造一个舒适、安静、安全、自信的环境。同时对患者提出的各种各样问题应该耐心解释，切忌大声呵斥，简单粗鲁、敷衍了事。医务人员如能和患者沟通得非常融洽，不但可为治疗疾病提供信息，促进疾病的好转，提高疾病的治愈率，更重要的还在于能及时化解医患之间的误解和矛盾，减少医患纠纷和医疗事故的发生。

患者在医院跌伤，到底是谁的错？

意外的跌伤

在某政府部门上班的老李最近过得不踏实，总是心事重重，唉声叹气的，细细一问，原来是他的老母亲生病住院了。一人生病，全家折腾，说得一点都没错。

老李说，母亲生于20世纪40年代初，是个要强的农村妇女，个头不高，在那个不生到男孩不罢休的年代里，母亲在生到第七个是男孩后，才停止了生养。她好强，什么事情都不想麻烦孩子们，自己能解决的事情也决不向孩子们张口。现在时代进步了，生活水平也逐渐提高，好说歹说，老李才把母亲接到了身边。父亲去世早，老母亲这么多年拉扯七个孩子不容易，在老李的执意要求下，母亲终于妥协了。老太太也是个闲不下来的人，帮忙着拾掇拾掇家务，也乐得自在，一家四口日子别提过得有多好了。

可是好景不长，就在老太太来城里的第三年，一天突发左下肢乏力两小时，也就是常说的"中风"，被收治住院。老李明白，这是母亲的老毛病又犯了，母亲多年前便有中风病史，当年尽管及时治疗还是落下了病根，这次复发了。

夜深了，老李急忙开车将母亲送到医院急诊中心，匆忙中挂号、看病、检查，一系列流程下来，医生诊断为"脑梗死、高血压病、冠心病、阵发性房颤、脑梗死后遗症"，需要即刻住院接受治疗。医生根据病情，开具长期医嘱，要求"一级护理"，在医患沟通备忘录中说明"住院期间需专人陪护，不得外出，防止跌伤等意外"，老李认真阅读后签上自己的名字。老李一通忙活，办理住院手续、缴费，将母亲安顿好后住下，已是凌晨2点多了，匆匆在母亲旁边拉了张陪护椅躺下了，夜里时不时还睁开眼看看母亲有什么不适。邻床的患者称赞老李："真是个孝顺的儿子啊。"

天刚蒙蒙亮，老李在陪护床上翻来覆去一夜没睡着，一边观察着母亲的一举一动，生怕再出点什么闪失，一边想着第二天和姐姐们说说母亲生病的事情，还得向医生仔细询问母亲的病情、需要注意的细节。老李一夜没有合眼，好不容易眯了几分钟，又担心母亲有一阵没一阵的呼噜声，生怕再出点什么意外。

老李本想着母亲住院需要陪护，姐姐们不能熬夜，晚上陪护就由自己全权负责，白天则由姐姐们轮流着照看，晚上就让她们回去休息，这也算是上上策。好不容易熬过第一夜，一大早医生来了，护士简单介绍了情况，医生关照"陪护一人"，叮嘱护士每隔一小时查看病房一次，随即护士给母亲测了体温、脉搏、呼吸、血压。

由于治疗及时，老母亲的病情被控制住了，身体的一切指标也都在合理的范围之内。医生说如果病情控制得好，大概不到两周就可以出院，回去要好好休养。听完这话，一家人总算稍稍松了一口气，母亲也露出了久违的笑容。可万万没想到，这一切的一切都只是母亲苦难的开始。

第二天晚上，又是老李陪夜。和第一天一样，姐姐帮母亲擦完身体，做好日常洗漱工作后，便回老李家休息了。老李眼看着母亲已经睡去，便关了病房的灯，打算早早休息，养精蓄锐准备后续的安排。伴随着母亲的呼吸声，他拿出病房里的陪护椅，轻轻放下，拉开。初冬的晚上，虽关上了窗，晚上还是有些微寒，老李拿出一床薄被子铺在椅子上，拉出一个角盖在身上，心想着"自己不能感冒了，还得照顾母亲呢"。

突如其来的几日忙活，老李也快吃不消了，白天要上班，最近单位的事情又特别多，晚上陪夜，时不时还要搀扶母亲起来上厕所，就是铁打的身体，也快要熬不住了。老李揉了揉眼睛，定睛朝着床头的母亲望去，母亲已经眯着眼睛像是睡着了，老李不忍叫醒母亲，心想着，马上护士要来查房了，索性只留了走廊的灯，便在母亲身边躺下，想着等护士11点查房的时候，再醒来看看动静，现在先别打扰母亲了。就这样，老李也睡下了。老李刚躺下不到半小时的时间，就听到母亲痛苦地呻吟："哎哟哟，疼死我了，疼死我了。"老李一下惊醒过来，猛地睁开眼睛，看到母亲已是手扶着左侧床尾往右倾倒的状态，他还没来得及站起来，母亲已经重重跌倒在了地上，老李见状，赶忙让护士叫来医生，此时老母亲已经疼得站不起来了，只是扶着左腿根部痛苦地呻吟。

医生检查发现老母亲右下肢屈曲疼痛，活动受限。急诊行骨盆、髋关节正位片检查，报告：右股骨粗隆间骨折伴右股骨小粗隆撕脱性骨折。请骨伤科会诊，会诊医生考虑到患者因自身疾病所用抗凝药物的影响，加之患者年龄大、身体状况差，手术治疗风险极大，建议保守治疗。

老李明白，老母亲的余生将在轮椅上度过了。原本老李想着母亲能够挺过这两周，有个缓冲的时间再回家好好调养。老年人行动迟缓些也属正常，但自理能力还是有的。不料，刚住院两天，老母亲便在医院里摔断了腿，落得个半身不遂，彻底丧失了自理能力，只能在轮椅上度过自己的下半生。老李回想到，在办理住院手续时，医生曾让他签署过好多张单子，告诉他"一级护理"，也说了很多注意事项，但办手续时事情多，人心急，办理过程中整个人都是晕乎乎的，光顾着在乎母亲的病情了，没想到母亲反而栽跟头栽在摔倒上。老李一想，十分懊悔，不该着急躺下睡觉，应该让母亲睡熟后再睡，没想到，自己的疏忽大意，导致母亲落得这般田地，老李越想越自责，越想越难过。可老李细细一想，老母亲自己下床确实不妥，但这事也不能全怪病人自己，母亲是在医院摔伤的，医院就没有半点责任。于是老李查找了相关的规范、指南，由中华医学会编著的《临床诊疗指南：护理学分册》（人民卫生出版社2008年1月第1版）规定，一级护理的内容一般应包括：（1）根据病情需要按时测体温、脉搏、呼吸、血压，密切观察病情变化。（2）病人需卧床休息，保持正确卧位，按需协助翻身和肢体活动。病情许可者可在床上坐起。（3）做好基础护理，包括口腔、头发、皮肤的护理及保持床单整洁，防止发生并发症。

老李仔细回忆起，入院时医生根据病情所下长期医嘱中写有

"一级护理"。老李认为按照一级护理的要求应该"病人需卧床休息",而在医患沟通记录单以及护理记录等病历中,均未见到关于母亲应当卧床休息、不能下床的相关告知及提示,同时护理人员进行的防跌伤的告知并不能等同于告知了患者需卧床休息、不能下床。可见医务人员没有尽到护理义务,导致夜间母亲独自离床而不慎摔倒,造成右股骨小粗隆撕脱性骨折,不仅导致了现在生活完全不能自理的境况,也明显影响了本身疾病的康复治疗。

为母亲讨个说法

现在老李的母亲只能靠轮椅度日,家里也要请保姆轮流照料。看着母亲平日里有说有笑,如今陪伴她的只有轮椅,老李说:"自己止不住地心疼母亲。"他决定要为母亲讨个公道,无论最终是否是院方的过错,他都要为了母亲试试。医院认为,患者住院时为一级护理,明确告知需陪护一人,并且在医患沟通备忘录中明确告知:住院期间需专人陪护,不得外出,防止跌伤等事项,同时床边安装了防护栏,已尽到了应有的告知义务、注意义务,患者私自下床跌伤是其及家属不遵守医嘱而引起的,医院不承担任何责任。就这样,老李和医院进行了几十个来回的博弈,理论过、争吵过,最终达不成共识,老李向法院提起诉讼。

法院向医学会医鉴办委托了本例医疗损害鉴定。医鉴办依照鉴定程序组织鉴定会,鉴定会上医患双方据理力争。鉴定专家组成员详细查阅病历材料,结合对医患双方的现场调查情况,分析如下:

分级护理是指患者住院期间,医务人员根据患者病情和生活自理能力，确定并实施的不同级别的护理。分级护理分为四个级别：特级护理、一级护理、二级护理和三级护理。《综合医院分级护理指导原则（试行）》（卫医政发〔2009〕49号）第九条规定："具备以下情况之一的患者，可以确定为一级护理：（一）病情趋向稳定的重症患者；（二）手术后或者治疗期间需要严格卧床的患者；（三）生活完全不能自理且病情不稳定的患者；（四）生活部分自理，病情随时可能发生变化的患者。"第十四条规定："对一级护理患者的护理包括以下要点：（一）每小时巡视患者，观察患者病情变化；（二）根据患者病情，测量生命体征；（三）根据医嘱，正确实施治疗、给药措施；（四）根据患者病情，正确实施基础护理和专科护理，如口腔护理、压疮护理、气道护理及管路护理等，实施安全措施；（五）提供护理相关的健康指导。"另由中华医学会编著的《临床诊疗指南：护理学分册》（人民卫生出版社2008年1月第1版）规定，一级护理的内容一般应包括：（1）根据病情需要按时测体温、脉搏、呼吸、血压，密切观察病情变化。（2）病人需卧床休息，保持正确卧位，按需协助翻身和肢体活动。病情许可者可在床上坐起。（3）做好基础护理，包括口腔、头发、皮肤的护理及保持床单整洁，防止发生并发症。本案患者因"突发左下肢乏力两小时"至医方脑病科住院诊疗，根据其病史、临床症状体征及头颅CT等辅助检查结果，患者"1. 脑梗死；2. 高血压病；3. 冠心病；4. 阵发性房颤；5. 脑梗死后遗症"诊断成立。入院后医方对其予一级护理、清淡饮食、测血压、陪护一人及抗氧自由基、抗血小板聚集、调脂稳定斑块等处理符合诊疗、护理规范常规。根据患者的病情，无绝对下床禁忌，医方予巡视患者、测量生命体征等处理符合规范；依据医患沟通备忘录中谈话要点"……4. 住院期间需专人陪护，不得外出，防止跌伤等意外"和护理记录记载"……防跌评分9分，告知家属有跌倒风险，床头置'防跌'标识，家属24小时加强陪护，正确使用床栏，穿防滑鞋……"，医方已尽到了告知义务，无诊疗护理过错行为。

笔者感言

从事医疗鉴定工作十几年，接触过的诸如患者在医院跳楼、跌伤或陪护人员摔伤的案例并不鲜见。往往患者及家属认为发生上述事件医院就得承担医疗事故或医疗损害赔偿，而医院恰恰相反，多认为此种情况是由于患者或陪护人员没有遵循医院管理制度、医嘱等发生的，医院不承担责任。其实，医患双方因立场不同，都以片带面，有失偏颇，因此，不同案例应不同对待。此类事件的发生原因复杂，常常涉及诊疗义务、安全保障义务，既有医方的因素，也有患方的因素，还有不可控因素等。

原《中华人民共和国侵权责任法》第三十七条规定："宾馆、商场、银行、车站、娱乐场所等公共场所的管理人或者群众性活动的组织者，未尽到安全保障义务，造成他人损害的，应当承担侵权责任。因第三人的行为造成他人损害的，由第三人承担侵权责任；管理人或者组织者未尽到安全保障义务的，承担相应的补充责任。"发生患者在医院跳楼、跌伤或陪护人员摔伤等事件，患者及亲属常常按照原《中华人民共和国侵权责任法》来要求医院，想当然地认为医院作为服务机构的提供者，应当提供安全的服务环境，有义务保证出入医院的人员的安全。在实践中，违反安全保障义务的归责原则为过错推定原则，也就是说，安全保障义务人就其已经尽到了相应的安全保障义务负有举证责任，如其能够举证证明其已经尽到了相应的安全保障义务，其就无须承担责任。另外，经营者的安全保障义务不是无限的，只有经营者未尽合理限度范围内的安全保障义务，才会产生损害赔偿责任。所谓"合理限度"，应当根据安全保障义务人所经营的场所或组织的社会活动的具体情况而定，重点在于确定安全保障行为的必要性。

医疗机构并不等同于一般意义上的公共场所，除上述原《中华人民共和国侵权责任法》的相关规定外，诸如《医疗机构管理条例》《医疗机构管理条例实施细则》《综合医院分级护理指导原则（试行）》及《医院工作制度》等相关法律法规、部门规章、诊疗护理规范均有保障患者安全的要求和措施。在此类案件的鉴定中，专家组首先需要甄别的是医疗机构及其医务人员在诊疗活动中是否存在过错，而过错的鉴定依据是上述法律法规、部门规章、诊疗护理规范和常规，也就是说，医疗机构提供的就医场所是否达到了相应的安全保障要求，医务人员提供的诊疗护理行为是否尽到与当时的医疗水平相应的诊疗义务及告知义务、注意义务。结合本案患者的医方住院诊疗，医方对其脑梗死诊断成立，根据患者的病情强制约束行动及禁止下床的适应证，入院后医方予一级护理、陪护一人等处理符合诊疗护理规范常规，医方予巡视患者、测量生命体征等处理符合一级护理的要求；同时在医患沟通备忘录中明确告知"……4. 住院期间需专人陪护，不得外出，防止跌伤等意外"和护理记录记载"……防跌评分9分，告知家属有跌倒风险，床头置

'防跌'标识，家属 24 小时加强陪护，正确使用床栏，穿防滑鞋……"，说明医方已尽到了诊疗义务和安全保障义务。

　　事实上，为患者提供最佳的诊疗护理和保障患者诊疗期间人身安全无疑是医患双方共同的目标。但是，在法律法规日趋健全、诊疗水平日新月异的今天，人类对疾病的认识仍然很有限，有时即便规范的诊疗护理行为，仍然会有意外情况的发生，规范的安全保障措施仍有漏洞存在。这就要求我们理性、客观地对待诸如患者在医院跳楼、跌伤或陪护人员摔伤等此类事件，争取合理化解由此而引起的医疗纠纷。而医方提供安全的就医场所和与当时的医疗水平相应的诊疗义务，患者及其陪护人员能遵医嘱配合诊疗无疑是减少此类不良事件发生的有力保障。

生命不可轻

医鉴启示录

天，阴沉得厉害。狂风，夹杂着落叶，在阴沉得如闷罐般的空中咆哮、翻滚。很快，豆大的雨点不期而至，一场大雨唰唰地冲洗着街巷与乡野。猝不及防的人们，或赶快拿出雨具，或抱着头往就近的屋檐下跑。"这天气！"我一边整理着手头的案卷，快速梳理着思绪，一边抬头望望屋外，"这么大的雨，不知道王芳还回不回来？"

正想着，电话铃声响了起来，"是易主任吗？今天雨大，你可千万等我，甭说下雨，下铁我也会赶过来。"王芳在电话里着急地说。

"别急，别急，再晚我也会等你，你现在在哪？"

"我——"王芳有点迟疑，"我的腿扭了一下，疼得很，但应该离医鉴办不远了，走路有点慢，你可千万等等我。"原来如此，问清大致地址，我拿起雨具，冲进雨阵。医鉴办接待室，王芳低垂着头，一直哭，沙哑的声音诉说着她对丈夫的思念。我让她缓了一缓，谈话就从一杯热茶开始。

爱人就这么走了

"我和我老公青梅竹马，心里很早就有了对方，我们结婚也很早，婚后，他出来闯世界，后来把我也带了出来。"

王芳一边抽泣，一边打开话匣："到这边来后，我在一家服装厂工作，虽然苦一点，但老板人还不错，收入比老家强。他呢，还是带着几个徒弟搞家装，生意好的时候，忙不过来。我俩都鼓足了劲，要在这边买房落户，也好让孩子有个好前程。大前年，手上攒了一笔钱，我们已经在镇上买了一套房，总算有了个安乐窝。下一步目标，我们还想在城里买房。"

王芳的眼泪簌簌地滚着，我给她递了张纸巾，她擦了擦眼泪，又猛然放声大哭。我给她续了点水，示意她缓一缓。等了一会，王芳又抽泣道："我老公平时工作劳累，最大的爱好就是喝上两口，他这个爱好，我也不反对，反而很支持，平时还给他泡点药酒，每天准备几个爱吃的小菜，他也喜欢，家里平平顺顺，都开心……出事那天，是他徒弟的生日。徒弟都是从老家带出来的，本乡本土人，他们师徒几个年龄又差不了多少，互相关系很好。收工后，我老公就带着徒弟到镇上小饭店喝酒庆贺，我还给他们定了个蛋糕送过去。那天晚上我老公应该是喝高了，晚上回家时，骑摩托车在巷口就摔倒了，幸好当时才八点不到，巷口来来往往的人也不少，看着了，就有熟悉的邻居通知我。我看着他只有脸上挫伤了点，身上好像也没什么伤，就和邻居七抬八弄地把他带回家，本想着休息休息也没什么大问题，可是祸偏偏就这么来了。"

王芳用纸巾擦了擦眼泪，又说："隔了一个小时不到，我老公头昏头痛地难受，在家里吐得一塌糊涂，我看这样子不行，安顿好孩子后，就叫了一部车子，把他送到镇上医院看急诊。可没有想到，就这么的，一个大活人就在医院走了……"说到这里，王芳又一阵撕心裂肺地哭泣。

王芳老公"猝死"于就诊的医院。对于一个家庭来说，突然失去顶梁柱，是难以承受之重；对于一家医院来说，也绝对不愿意看到生命的突然消逝，更不愿意看到自身的救治换来患者的指责；对于医疗鉴定机构来说，为医患双方提供一个公正、公平、科学的鉴定，是使命，也是责任。

王芳擦了擦眼泪，眼神死死地盯住我："我要真相，我要告那些害得我家破人亡的庸医。"从事医疗鉴定这么多年，我深为理解家属的心情，但是，医疗鉴定有严格的流程和标准，王芳所要的真相到底在哪里？

王芳的疑问

王芳显然是经过充分准备的，她用手抹了抹眼泪，"易主任，你看这里，"她用手指了指病历，"血压明显由 84/69 mmHg 改为 94/69 mmHg，心率由 90 次/分改为 80 次/分。""你再看这里，"她又将手指滑动到下一处涂改痕迹，"20 日，改为 21 日，时间均有改动，这些改动我们都不知道，没有经过我们签名确认，你看这里是不是有问题？主治医生在心虚什么？"

还没有等我回答，王芳又加重口气："易主任，告诉你，他们在心虚什么。在心虚他们的草菅人命，在心虚自己的极不负责任。"

"那一天，我把我老公送到医院的时候，将他喝酒后骑摩托车摔倒，在家呕吐得厉害，有酒精中毒的可能这些情况均告知了医生，但医生并未给我们做血清乙醇浓度测定，还有这些，这些测定都没有做过。"王芳边说边递过来一沓资料。

我看了一下王芳递过来的申诉书，上面列着"动脉血气分析、电解质测定、心电图等检查均未做，故也未按急性乙醇中毒诊疗规范给患者治疗"。"还有，你看这里，"王芳用手指了指11月20日晚上的超声检查报告，"诊断结果是，肝内稍高回声团，请结合临床，建议进一步检查。可是，医生给我们进一步检查什么啦？什么都没有做，我老公骑摩托车摔倒，脸面部有出血，其他地方是不是也有出血可能？可医生没有做进一步检查。你再看看这些，"王芳指了指申诉书继续说道，"未检查腹部CT等，漏诊肝脏、胰腺挫裂伤，网膜囊积血伴腹腔出血。我不是学医的，但易主任，你是吃这碗饭的，你应该看得懂吧。"

王芳越说越恼，我让她喝口水，平缓一下。"医生，我就是想不通，急诊医生为什么这么不负责任。"王芳说着说着，又哭了起来。

"那天入院后，我老公一直精神很萎，模模糊糊地呻吟着，很难受，而且小便解不出，憋得难受，浑身发冷。我多次叫医师及护士来查看，可他们讲，这是酒寒，盖盖被子焐一焐即可，并让我把老公拉起来，到卫生间站立小便，说这样就可以解出小便了。可是我费力将神志模糊的老公拖到卫生间后，他还是解不出小便，我只能将他背回。后来，老公憋尿难受，我又找医生护士来看，他们还是不给导尿。"王芳喉咙沙哑了，但她还有话说："在我们入院后长达两个半小时内，我在老公病情发生变化时，连续三次找医生，都找不到。护士说，医师去休息了。易主任，你说说看，急诊夜班医师晚上能睡觉？"

"我老公的命就这样给活活拖延、断送掉了。"说着，王芳又呜呜地哭起来，她突然情绪失控，"入院后晚上11点多钟，我老公突然休克，全身冷汗，神志不清。医生顺便叫护士给患者测了一下血压和心跳，只是说血压偏低，心跳偏快。当时具体数值也没有告知我们家属。我老公去世后，他们就怕担责任，就开始修改急诊抢救记录，血压、心率都改。你说，这还有天理吗？"

外面的雨渐渐停歇下来，王芳喝了口水，问："易主任，我要做医疗鉴定，我要告那些不负责任的医生，你们得凭良心主持公道。"

从事医疗鉴定这么多年，我理解患方家属的心情。但由于医学专业知识的缺乏和对医院管理等方面的不甚了解，他们常常关注于看到的细节问题，而无法对诊疗行为提出看法。我又仔细翻看了王芳带来的所有材料，包括那份被"涂改"的病历。看着仍然情绪激动的王芳，我对她说："能走法律程序解决医疗纠纷说明你选择了一条理性的途径。但鉴定的前提是鉴定材料的真实性、完整性，也就是说，鉴定材料要经过质证，你们要认可。这本门诊病历医生是什么时间写的？你说的'涂改'又是谁在什么时间改动的？你们认可这本病历吗？"

王芳说道："是当时我老公看病时医生写的、改的，当时就交给我了。"

我接着说:"根据《病历书写基本规范》的规定'病历书写过程中出现错字时,应当用双线画在错字上,保留原记录清楚、可辨,并注明修改时间,修改人签名。不得采用刮、粘、涂等方法掩盖或去除原来的字迹',也就是说,医务人员不是出于掩盖真相的目的而采用刮、粘、涂等方法掩盖或去除原来的字迹,而只是对他们书写的病历资料作出符合要求的修改是允许的。你看,病历本上虽有修改,但原来的字迹清晰可见,尤其时间的修改一看就是当时写错了修改的,这不能说是篡改病历。而至于诊疗方面医院有没有错误之处,还需鉴定专家作出评判。还有一个很重要的问题,你丈夫饮酒后就诊,短时间内死亡,就现有的资料,无法推断死亡原因,可能造成无法鉴定。你们有没有做尸体解剖查找致死的原因?"我继续提醒王芳。

她回答说:"我们已经做了尸体解剖,结果还要等几天。"王芳离开了医鉴办。

寻 找 真 相

不久,我们收到了法院要求鉴定的委托书。经过前期的准备,鉴定会如期举行。毕竟面对的是一条生命的流逝,鉴定专家脸色凝重,对医患双方提交的所有资料都严格审阅,抽丝剥茧,为寻找真相理清脉络,为科学鉴定寻找可靠的依据。

首先,专家组依据病历资料和现场调查还原了患者就诊经过:某年某月20日20:30许,患者饮酒后骑摩托车跌伤头面部,胸腹部伴疼痛一小时余被家人送至医方处急诊。患者伤后头昏、头痛，恶心呕吐，呕吐物为胃内容物，无胸闷气急，无腹痛腹胀，无大小便失禁等症状。到院后查体：血压110/76 mmHg，脉搏82次/分，神志清楚，精神萎，痛苦貌，鼻孔出血，心肺腹无异常。腹部超声检查报告"肝内稍高回声团；请结合临床"，头颅＋胸部CT平扫检查报告未见明显异常。诊断：头部外伤。予血压、血氧、心电监测和输液、吸氧、留院观察等处理。21：30患者输液中，脉搏89次/分，血压100/70 mmHg，SPO 2 97％，意识清；22：00患者输液中，脉搏90次/分，血压94/69 mmHg，SPO 2 97％，意识清；23：50患者输液结束，留于抢救室观察，有家人陪伴。21日01：15患者无意识，无心跳、呼吸，双侧瞳孔散大；行持续心肺复苏、心电监护、面罩吸氧，并予肾上腺素、多巴胺、阿拉明等抢救治疗。21日02：05停止心肺复苏，宣布患者死亡。尸体检验报告死亡原因：本例死者系因双侧闭合性气胸伴双肺重度压缩以及肝脏、胰腺挫裂伤、网膜囊积血伴腹腔出血导致呼吸、循环功能衰竭而死亡。

　　鉴定组专家经过反复研究材料，从患者疾病的检查、诊断、观察、处理及患者自身病理情况等进行综合分析，最后得出如下鉴定意见。为王芳丈夫诊疗的医院存在如下过失：（1）患者急诊时辅助检查不全面：本案患者饮酒后车祸致伤头面部、胸腹部急诊，患者急诊时医方虽行查体及头颅＋胸部CT、超声检查，但未行血常规、血生化及腹部CT等辅助检查。（2）对患者病情监测、观察不到位：20日22：00后无对患者生命体征及临床症状体征的监测、观察记录，不能证实已尽对患者病情的严密观察义务。（3）患者心跳呼吸停止后抢救不规范：发现患者心跳、呼吸停止，医方虽予开通静脉通道、连接心电监护、肾上腺素皮下注射、多巴胺和阿拉明加入林格静滴中、可拉明静推，持续心肺复苏及换面罩吸氧等抢救治疗，但未行气管插管，肾上腺素使用亦不规范。（4）病历书写不规范：根据《病历书写基本规范》第七条"病历书写过程中出现错字时，应当用双线画在错字上，保留原记录清楚、可辨，并注明修改时间，修改人签名。不得采用刮、粘、涂等方法掩盖或去除原来的字迹"，医方急诊抢救病人记录有涂改，如：11月20日22：00脉搏90（有涂改）次/分、血压94（有涂改）/69 mmHg，11月21日（有涂改）01：15、01：20。同时，专家组专家也指出：闭合性气胸的临床表现取决于胸腔积气量的多少和发生的快慢，小量气胸肺萎缩在30%以下对呼吸循环功能影响较小，多无明显症状；中量气胸是指肺萎缩在30%～50%，50%以上则为大量气胸，可出现限制性通气障碍，中量以上气胸以张力性气胸为主，张力性气胸可迅速导致呼吸循环功能紊乱，是可迅速致死的危急重症。肝脏、胰腺等实质性脏器损伤，可导致腹腔内出血，严重者可致失血性休克。患者尸体检验报告显示："双肺呈明显萎陷状，压缩容积在50%～60%，左肺为重""腹腔内见较多血性液体积聚，共计1 000 ml左右……网膜囊见较多凝血块积聚，200～300 ml"等。

依据鉴定材料，专家组分析：本案患者死亡原因系饮酒后外伤致双侧闭合性气胸伴双肺重度压缩以及肝脏、胰腺挫裂伤、网膜囊积血伴腹腔出血导致呼吸、循环功能衰竭而死亡。医方上述诊疗过错行为对患者疾病的诊断、治疗造成一定的延误，使患者失去了可能的救治机会，是导致患者死亡的因素之一；患者饮酒后致伤头胸腹部后急诊，就诊时查体无明显异常，胸部 CT 未见肋骨骨折及气胸、血胸等征象，早期生命体征平稳，病情较隐匿，加之饮酒后对病情的临床判断有一定的影响，其自身病情亦是导致其死亡的因素之一。综上，患者死亡系患者自身因素和医方诊疗过错行为因素共同所致，建议医方承担同等责任。

笔 者 感 言

就此鉴定结果，医患双方表示没有异议，认同接受，人民法院以此鉴定意见对本例医疗纠纷进行了判决。但生命无价，每一个人都应该珍重。生命只有一回，绝不可轻。警钟常响，不管是于你、于我、于他，还是于每一位医务人员，敬畏生命，当于心更于行。

在人类文化的历史长河中，酒作为一种客观物质存在着，但它更多的是一种文化象征。无论在西方还是东方，酒文化都源远流长，自古以来，文人墨客们就赋予了酒特殊的意义。酒是一种特殊的文化载体，渗透到生活的各个领域。人生得一知己难，把酒言欢对空盏。但饮酒后酒精中毒死亡者有之、诱发疾病猝死者有之，而酒后外伤死亡者更是屡见不鲜。文明饮酒，注意安全，是对自己负责，更是对家人负责。本案中，王芳丈夫很年轻，死亡来得如此之快，确实让人扼腕叹息。但他大量酗酒，且酒后驾驶机动车，致操作不稳，受伤后埋下了祸根。

病情的复杂性、多变性和个体的特异性等造成医疗的高风险性。即使在医疗水平高速发展的现在，许多疾病的不良转归也是难以挽回的。这就要求我们医务工作者要有精湛的专业技术、良好的沟通能力和高度的责任心。本案中，患者就诊早期医生给予了合理的诊疗，恰恰是早期检查的"无异常"和患者饮酒这一情况，致使医生误判，导致其后期观察病情不细致、不及时，造成了不良后果。同时，病历作为诊疗经过的记录，体现着医务人员救治的思路，更是诉讼、鉴定的核心资料，我们医务人员诊疗时无心、随意的修改，在患者眼中常常会成为"作假""篡改"的证据，这就要求我们杜绝随意，客观真实地记录病历。

生命不可轻

重见光明的希望破灭之后

俗话说：做官巴望升迁、种田巴望丰年、穷人巴望发财、病人巴望康健；而"胃口"则是被某种因素吊出来的……人的心理往往就是这样，这很自然，也很正常。然而有道是：爬得越高，摔得越疼；希望越大，失望越大；胃口越好，越容易觉得肚子饿……世界上的事情也往往就是这样，这也很自然、很正常。下面讲述的这个故事，似乎就是这样的一种人经历了这样的一件事……

希　望

2016 年 4 月上旬，家住某新村的张大爷突然接到村委会的一个通知，让他于一周后去村委老年活动室接受眼部常见疾病白内障的公益性普查，说是如果普查诊断他患有此类老年人常见疾病，还可以免费进入距离住家不远的某眼科医院进行手术治疗。张大爷出生在 20 世纪 30 年代，那时村里读书人不多，他家境殷实，上过学，长大后做了一名教师,在教学的岗位上一直干到退休。张大爷自幼双眼高度近视,近视镜几乎伴随了他大半生。一年多前,张大爷出现双眼视物模糊,近来逐渐加重,影响到了日常生活。前一段时间他到某医院检查:右眼视力 0.02,左眼视力:手动/眼前。医生告诉他双眼白内障,建议手术治疗,考虑到要花钱,他也就没有手术。这通知无异于从天而降的特大喜讯,张大爷听闻后不禁喜上眉梢、乐开了心花,就豁开嘴巴一个劲地对着送通知的村干部连声"谢谢",村干部望着张大爷那着实有点激动的神情,知道他的那些"谢谢"全都发自内心肺腑,似乎也受了感动,于是就又十分要好地提醒、叮嘱他说:"老张:您可别忘记了,一周后去村委老年活动室'普查'!"

重见光明的希望破灭之后

接了这通知,张大爷的"胃口"算是被吊起了,于是就开始一遍遍地念叨、盘算起了一周后去村委老年活动室接受眼疾普查的事情。在这之前,他就是因为自己的那双不争气的眼睛,一直过得憋憋屈屈的,似乎有点心灰意冷。殊不知,他自幼双眼高度近视,看什么东西都觉得吃力费劲,几乎是个"睁眼瞎",佩戴了一世的"洋瓶底"眼镜,那笨重的东西架在鼻梁上,别说自己觉得受累碍事,就是别人看着也都觉得别扭难受。更让他觉得揪心的是,从一年前开始,他的病眼横生枝节、雪上加霜,又冒出了一个新问题——看什么东西都隐隐约约、模模糊糊,辨识起来比以前更加吃力费劲了,而且这种情况日益严重,大有不把他的眼睛彻底弄瞎决不罢休的气势。他经常害怕地想,按照这种发展趋势和发展速度发展下去,也许用不了多久,自己终将彻底失明,变成名副其实的"睁眼瞎"。咳!没什么不能没钱,有什么不能有病;人生在世,耳聪目明、健手健脚，这才是最重要的；离开了这些，说什么幸福快乐，都是扯淡！张大爷对这些自然有着比常人更加深切的感触。不过还好，如今这把年纪，政府竟来帮助他免费检查治疗，也算是不幸中的大幸，说不定这眼睛上的毛病还真能"柳暗花明""枯木逢春"……张大爷想到这里，内心里不由得滚过一阵热浪。

一周后的那天，张大爷满怀希望地来到了村委老年活动室。在那里接受普查的老年人还真多，前来应诊的那家眼科医院的医生忙乎得厉害，看来不怎么"幸福快乐"的人不止他一个。张大爷见此情景，内心里似乎又坦然了些。轮到他"普查"时，眼科医生热情地为他进行了检查，经过"望""闻""问""测"，得出的结论是：张大爷双眼高度近视，伴老年性白内障。面对这结果，医生安慰他说："张大爷，您别急！像您这种情况，可以去我们专科医院接受手术治疗，摘除白内障后，视物模糊的情况有望得到好转。""有望"就好，医生这样说，张大爷当然爱听且深信不疑，于是他当即与医生约定：隔日就去他们眼科医院做进一步检查，然后进行手术治疗。

隔日一早，张大爷如约走进了那家眼科医院，医生进一步为他进行了眼疾的检查，诊断结论依然是：双眼老年性白内障，伴双眼高度近视。医生又为他进行了抽血化验、超声、心电图等检查，各项检查指标均显示没有禁忌证，可行白内障摘除手术。于是张大爷当即办妥住院手续，在手术知情同意书上签名，并于当日下午2时许，就希望满满地躺到了那张白晃晃的手术床上。

失 望

手术在门诊完成用时不长,似乎一切都很顺利。医生首先与患者核对眼别,进行常规消毒铺巾、麻醉,用开睑器开眼后做透明角膜缘隧道切口,注入黏弹剂于术眼前房,行15°刀于术眼角膜缘2点钟角度做侧切口,用撕囊镊伸入术眼前房连续环形撕囊,行术眼水分离和水分层,超声乳化术眼晶体核,用助吸头伸入术眼前房吸除残余晶状体皮质,往术眼前房及囊袋内再次注入黏弹剂,植入+1.0D折叠人工晶体于术眼囊袋,吸除术眼前房内残留黏弹剂,给术眼水密切口涂妥布霉素地塞米松眼膏,包扎术眼……这一切全都有条不紊地一气呵成。从当日下午2:38开始,至当日下午2:46结束,短短的8分钟就完成了。术后观察检查,一切情况正常,于是张大爷于当晚就大功告成,如释重负般地出院回家了。不过医生关照他,回家后得接续抗感染治疗,三天后复诊,不适随诊。

"不适随诊",术后第二天张大爷觉得术眼"不适",于是赶紧去那家医院"随诊"。不适的原因是什么,不知道,有待复诊;复诊是否真会发现问题,不知道,反正张大爷觉得不适。张大爷觉得不适,主要是感觉术眼中央有个黑影遮挡着视线,让他依然看不清东西。这是否是心理因素造成的?也未必不是,因为张大爷太心急了,他恨不能双眼立刻大放光明、对什么东西都洞察秋毫。在他的想象和期待中,那眼疾的好转应当像春天光杨柳抽丝、百花吐蕊,一天一个眼头。可是这怎么可能呢,那眼部毕竟是动了手术的,哪能术后第二天就不痛不痒、恢复如常?俗话也说了嘛,"病来如山

重见光明的希望破灭之后

倒，病去如抽丝"，这"抽丝"可是一个漫长的过程哦！不过谁都得理解张大爷的心情，他已经为这眼疾痛苦了快一辈子啦，他再也等不及耐不住了。医生说他的眼疾有望好转而实际上"未见"好转，他能不着急吗？

对于张大爷觉得术眼"不适"的原因和渴望康复的心情，医生当然是十分清楚的，也是非常理解的，因此医生为张大爷仔细检查复诊后，先是将心比心地对他表示理解，接着安慰并要求他别太心急，并坚持严格按照医嘱用药，最后婉转地开导张大爷说，年纪大了、近视严重、顺利康复的基础较差，因此期望值不能太高。按理说，医生最后说的那几句话张大爷是能够听得明白的，然而他回家后仅仅隔了一日，就又急不可耐地去那家医院复诊了，问题依然是觉得术眼"不适"。掐指算来，这是他刚刚出院的第三天。既来之，则诊之，医生再次为他查体：术眼视力0.02、角膜透明度可、前房可、瞳孔圆、人工晶体在位、眼底高度近视改变、黄斑区变性。处理：一是继用前药；二是建议一周后复查。

2016年4月25日，是张大爷左眼术后第七天，也是他因为术眼"不适"进入那家医院复诊的第三次。这次复诊查体的结果为：术眼视力0.05，较术前有所好转、角膜透明、前房可、瞳孔圆、人工晶体在位。处理意见仍然为：不适随诊。面对这次"视力较术前有所好转"的复诊结果和继续"不适随诊"的处理意见，张大爷不仅大失所望，甚至表示了愤怒。他觉得自己明明术眼不适甚至还不如以前，医方却一再忽视他的实际感受，简直是对他的一种无情伤害，让他备感痛苦，于是他愤愤不平地想，得通过法律途径来让医方承担必须承担的有关责任。忽一日，他果真将一纸诉状递到了区人民法院。

判 定

鉴定会如期召开。张大爷情绪激动地诉称：手术前该院医生未明确告知自己具体病情，让自己在不知情的情况下在《手术知情同意书》上签字后即行手术；手术草草了事、十分轻率，整个过程仅为区区8分钟时间，令人难以想象；术后次日复查时术眼中央有黑影遮挡、几近失明，手术根本未达该院医生术前告知的"手术后视力肯定会比现在好"的效果；失明后与医方交涉，却遭百般推诿，医方先是诓骗患者"视力过几天会恢复"，后又推说疗效不佳的问题源于患者自身，并不再给予后续治疗。医院代理人辩称：本院对患者"双眼白内障、双眼高度近视眼"的诊断是正确的，诊断和治疗是严格按照诊疗常规操作程序规范进行的，术中、术后不存在任何医疗过错，患者在术后恢复过程中没有出现任何并发症，视力检测也确实较术前有所提高，这些都是凿凿可据、不可否认的事实。而患者术后视力恢复较差与他自幼双眼高度近视有关。

鉴定专家组根据患者的就医病历资料及现场对医患双方的调查，分析如下：患者自幼双眼高度近视，此次因"双眼视物模糊1年余"至医方眼科住院诊疗。根据患者的病史、临床表现和眼科AB型超声、左眼视觉电生理测试及角膜内皮细胞计检查（OS/左眼）等眼科辅助检查结果，患者"双眼老年性白内障，双眼高度近视"诊断明确，医方对其行"左眼白内障超声乳化＋人工晶体植入术"有手术指征，无手术禁忌证，手术操作符合规范。患者术前左眼视力"手动/眼前",术后视力0.02,提示术后左眼视力有所提高;结合现场查体见角膜透明度可、前房可、瞳孔圆、人工晶体在位、眼底高度近视改变、黄斑区变性,专家组考虑患者术后视力未能达到预期效果的原因是自幼高度近视。但医方对患者自幼双眼高度近视这一影响手术效果的高危因素没有给予高度重视,致使术前就手术效果与患者沟通不够。

笔者感言

医患双方的交流沟通,其实是一门非常重要的艺术和课题,实在需要人们好好地去学习和研究。在医患双方的交流沟通中,医者应当唱主角,这是毫无疑问的。然而有些医者,或是过于自信,或是对患者的性格和期待不甚了然,或是本来就不善于与患者交流沟通,从而使有些话说过了头、有些话没有说到位、有些话说得不甚明了、有些话说得令人不舒服。殊不知,"一言既出,驷马难追""一言让人笑,一言让人跳",这些都是社会的真谛。

此医案尘埃落定后,又一例较为尖锐的医患纠纷得到了解决,我们抑或还当掩卷沉思。白内障是指晶状体透明度降低或者颜色改变所导致的光学质量下降的退行性改变,是一种常见的眼病,也是全球和我国主要的致盲原因之一。老年性白内障是最常见的白内障类型,随年龄增加其发病率明显升高。手术治疗是其主要的治疗手段,通常采用在显微镜下施行的白内障超声乳化术或囊外摘除术联合人工晶体植入术,常常可以获得满意的效果。但眼部结构的复杂性决定了影响视力病因的多样性,角膜、房水、晶状体、玻璃体、视网膜、视神经、眼部血管和神经等病变均可导致视力损害。部分白内障病人常合并其他眼部疾病,有些通过仔细检查可以发现,但部分疾病以现有的检查手段术前难以被诊断,这就要求我们医务人员在白内障手术治疗前仔细检查,与患者及其亲属有效沟通,以避免不必要的医疗纠纷。在本医案中,张大爷术后视力更差(失明)的诉说显然是夸大其词、有点矫情了,但一个巴掌拍不响,当事医生也未必就真的没有一点欠缺和失当。诚如专家鉴定组指出的那样:"对患者自幼双眼高度近视这一影响手术效果的高危因素没有给予高度重视,致使术前就手术效果与患者沟通不够。"也许正是这种不足之处,使患者对疗效产生了过高的期望,导致了本例完全可以避免的医疗纠纷的发生。

右手外伤后雪上加霜

一个闷热的下午，我在办公室里接待了胡小芹。一进门，胡小芹焦急中带着少许愤怒，也有一些无奈地问道："你是易主任吗？找你们真不容易。你们得帮我解决问题，不要到处推。"

对这样的质疑、不满，我已习以为常。递上一杯茶水，我平静地对她说："别急，咋回事，说给我听听。我都不知道什么事，怎么就往外推呢。"

无妄之灾

胡小芹喝了一口水，强压着怒火开始说道："我是一名纺织厂的女工，从外地来这儿已经十几年了，一直在服装厂工作。工作比较累，常常要三班倒。前几年感觉还可以，近几年上了年龄，忙时感觉精力有点跟不上，但孩子还在上学，想着再坚持几年，等孩子自立了找个轻松点的工作。前年春节前，由于单位要完成订单，工作量大，加上一些同事请假回家，我们要经常加班，但工资高，虽然很累，也强撑着。"

"终于快下班了！"那天凌晨4点左右，连续忙碌了八个小时终于可以喘上一口气，用手按按酸痛的腰背，想着再过一个小时就交班了。工友们也许也累了，没有了平时的问候、嬉笑声，整个车间只留下机器的转动声。胡小芹的思绪又回到了家庭，想想这十几年也真不容易，为了生活，这么多年她常常都值夜班到深夜。有时候，她觉得自己快累得撑不住了，而且丈夫常年在外跑车，但是每每想到儿子，她就觉得浑身充满了干劲和希望。那是全家人的骄傲。数月前的中考，她的儿子考了全校第一，全市排名也靠前，所有人都认定他是重点大学的苗子，亲戚朋友羡慕中夹杂嫉妒的眼神让她格外受用，她也深深地引以为豪。一边想着儿子，一边轻声哼着小曲，胡小芹完全不知道，一会儿她将迎来这一生最大的噩梦。不知不觉间半个小时又过去了，离回家的时间又近了。"啊——"无法忍受的剧烈疼痛自右手拇指传来，痛得她全身冷汗，她大声哀号起来。胡小芹低头一看，原来她的右手不慎搅入正在运转的机器，右手大拇指尖血肉模糊，已经看不清轮廓。

车间主任和工友们听见她的叫声，迅速围了过来。一个小时后，车间主任和工友将忍着剧痛的胡小芹送到了邻近医院。接诊的是一位年轻医生，他很负责任地看了看受伤的右手，简单地包扎止血后，告诉他们："还算幸运，主要伤的是右手拇指远端，皮肤伤得很重，快要掉下来了，先拍个片子，看看指骨受伤情况，根据情况再处理。"医生随即开出了检查单。

半小时后检查结果出来，X线检查报告："右手第1远节指骨骨折伴周围软组织挫伤肿胀。"医生又打开纱布，仔细检查伤口。这个时候，胡小芹的丈夫和亲友闻讯也急急忙忙赶到了医院："医生，一定要保住她的手指，她上有老下有小啊！不能丢了饭碗啊！"家人和工友近乎哀求地说。

医生告诉他们："她右拇指末节指腹不全离断，离断指体仅少许背侧皮肤相连，离断指体颜色苍白、创面内骨及肌腱外露，伤口创缘不整齐。由于污染较重，现在只能急诊先做清创手术，等炎症、出血控制住后看情况做二次手术。"

接着医生告诉胡小芹和她丈夫："胡小芹拇指压砸伤较严重，术中我们尽可能地不给你截肢，但是今后手指功能也有可能会受影响，你要有心理准备。"

胡小芹和丈夫认为这是医生吓唬他们，只是手指压了一点，应该没有医生说得这么严重，随后就在手术同意书上签名。半个小时后医生为她做好了清创术，并将其收治到了住院部，打上了点滴。天已放亮，胡小芹右手的疼痛感明显减轻，亲友们和工友们都已离开，她和丈夫忐忑的心终于放松下来。随后的日子还算顺利，在等待中度过，医生通过输液给她消肿、抗炎、止痛、补液等治疗，常常换药看看伤口。六天后，医生再次告诉胡小芹和她丈夫，为了更有利于伤口的功能和形态的恢复，建议再做一次手术，目的是扩创，通过植皮修复拇指远端。胡小芹和丈夫很快在手术同意书上签了名。这次手术时间较长，术后医生告诉他们手术很顺利，再治疗一段时间就可以出院了。医生按时换药、查看伤口，这样又过了一周，医生告诉她植皮已经存活，可以不用输液、换药了，等到时间拆线，但还是要继续观察治疗，今后还要加强功能锻炼。胡小芹看着一天天恢复的伤口，心情一天天也好了起来。她和丈夫商量后认为输液治疗结束，伤口没有感染，愈合良好，植皮也已成活，平时医生也只是查房的时候说一下该怎么活动，心想着住院没有意义，况且丈夫还有工作，儿子还要照顾，马上要过春节，就要求出院。医生告诉她："你还没有拆线，坚持要出院也可以，但是别忘了再过一周来拆线，同时也要多多坚持锻炼。"随后工友为她办理了出院手续。

出院后，儿子也放假了，一家人难得休息，想着自己恢复得不错，只要是个医院都能拆线，拆完再多休息休息应该也没问题。于是她和家人就一起回老家过春节了。伤口长好了，她就在老家的医院拆了线。转眼春节长假结束，一家人返回，丈夫和儿子又出去工作、上学，胡小芹继续休息一个月，伤口也不疼，只是大拇指有点僵硬，活动不灵便，到医院询问手术医生，医生告诉她不碍事，过段时间就好了。胡小芹就到工厂协商解决了工伤的事情，高高兴兴地去上班了。

雪 上 加 霜

不知不觉间半年多过去了，胡小芹感觉右手大拇指僵硬情况越来越重，局部出现了肿胀、疼痛等不适，她又找了几次手术医生，医生说没啥问题。渐渐出现右手及前臂有点麻木的症状，影响到工作，工厂帮助她调到了较轻松的工作，但收入明显降低了。于是，胡小芹又找到单位领导协商补偿，但单位认为，工伤已经解决，现在的情况是医院的手术造成的，和工伤没有关系，单位不负责任。

胡小芹和丈夫不由得心中开始责备她的主治医生来。她心里想着自己两次手术遭了那么多罪，前前后后花了那么多钱，浪费了一年多时间，不仅被压伤的右拇指完全丧失功能，其他四个手指和手臂也受到影响。他们心里开始起了芥蒂，觉得可能是医生的错。于是胡小芹和丈夫找到了医院投诉，他们认为，自己现在的伤情是医院的不当医疗行为造成的，"我半个月泡在医院里，从第一次手术到现在已经一年多了，不仅受伤的手指没有治好，原本健康的手指都没有感觉了，自己本来就没有什么学历，全靠一双手在外努力工作，现在一只手等于废了，医院是不是该给我个说法？现在手坏了很难找到工作，医院是不是该给我赔偿？而且当时我们也问过医生，是不是断了的手指需要切除。医生告诉我说不用，只要补肉植皮就可以了，而且不会影响手指的功能，我才同意手术的。如果医生当时说清楚手术后有这么大的影响，我宁愿把手指受伤的部分切掉，最多就是难看一点，一根手指没有用处，现在弄得整个右手包括手臂都没有用处了。"

但医生也觉得很委屈："我们所有的治疗都是按规范来的，术后植皮也存活了，你自己没有拆线就要求出院休养，也不听我们建议回来复诊，也没有回来拆线，我们也没有办法啊，现在也没有更好的治疗办法，只能靠自己加强功能锻炼。"

但是胡小芹不这么考虑，她依旧认为是医生的手术没做好，造成了她现在的一切后果。随后，胡小芹找了相关部门，但与单位、医院都协商不成。

经打听后她来到了办公室找我解决问题。于是就有了这次谈话，半个多小时后胡小芹的叙说终于结束。再次给她倒上一杯水，我对她说:"你说得已经很清楚了,你的问题我也了解了。你的问题涉及用人单位和经治医院,是工伤还是医疗损害,该由用人单位还是经治医院负责,也可能是用人单位和经治医院按比例负责,这是一个专业性很强的问题,这些我们说了没有用,需要专业性鉴定才行。建议你到当地人民法院起诉,人民法院审理过程中如果需要鉴定,他们会按规定委托有资质的鉴定机构组织鉴定,划清责任,解决问题。"

随后,胡小芹又咨询了一些细节问题,临走时对我说:"易主任,谢谢你!你这么一说我有点清楚了,我回去和老公商量一下。但是,法院和鉴定专家不会偏袒单位和医院吧?"

我说:"你已经多次找了单位和医院,但都协商不成,也找了相关部门,都不能解决问题,诉讼是可行的一个渠道。虽然医院有无问题,鉴定前谁也不能给你保证,但在当前法制日益健全的情况下,无论是人民法院还是鉴定机构或者鉴定专家,我想他们都不会有意偏袒谁的!"

解 决 问 题

三个月后,胡小芹医疗损害鉴定由区法院向我们办公室委托,要求我们组织进行鉴定,鉴定材料也一并转交。鉴定会如期召开,当事医生和胡小芹及代理律师参加了鉴定会。鉴定会上,胡小芹的代理律师认为:医院存在术前没有清楚明确告知手术风险、手术失误等过错,导致了胡小芹右拇指功能已基本丧失且其余四指及前臂的功能均受到了影响,医院应承担相应责任。医院代理人的态度很明确：我们在诊疗过程中无违反医疗卫生管理法律、行政法规、部门规章和诊疗护理规范、常规的过错行为，胡小芹目前的不良后果是其外伤和不遵医嘱及时复查、功能锻炼所致，医院不承担赔偿责任。

专家组成员详细查阅了胡小芹的就诊病历资料，并对手术前医患沟通和术后功能锻炼等双方有争议的问题进行了仔细的调查询问，事实基本明确。鉴定专家组依据鉴定材料及对医患双方进行的现场调查情况分析如下：胡小芹因"机器致伤右拇指疼痛、出血1小时"至医方处诊疗，其"右拇指压砸伤"的诊断成立，依据病历资料记录和患者自述，伤情较为严重，医方当日对其行"右拇指清创术"，术后予抗感染等治疗，符合诊疗规范；一周后再次行手术治疗已达到修复的目的，有手术指征。但医方在对患者的诊疗过程中存在以下过错：（1）医方手术方式的选择欠妥。依据诊疗规范的要求，指端损伤如果创面伴有小面积肌腱或骨质外裸露，视损伤情况可行游离植皮或皮瓣修复创面等手术治疗。本案根据患者专科检查情况"右拇指末节指腹不全离断，离断指体仅少许背侧皮肤相连，离断指体色苍白、毛细血管反应消失，皮温张力低，可触及少许指端骨擦感，伤口创缘不整齐，污染中度，出血活跃，可见创面内骨及肌腱外露"，医方对其行皮瓣修复术有手术指征；但对于拇指指腹缺损，常规用食指皮肤做邻指皮瓣或带血管蒂的皮岛（皮瓣瓣部）转移，或中、环指邻近皮瓣修复，本案医方术中采用"鱼际筋膜瓣修复术＋取皮植皮"术式欠妥。（2）医方的知情告知不够。本案患者住院期间，无就患者的病情及治疗措施的相关医患沟通记录；二次手术前签署的"手术同意书、手术前谈话及记录"仅有指印，无患者或其亲属签字。(3) 术后功能锻炼没有详细指导，存在缺陷。医方上述诊疗过错行为与患者目前右拇指功能障碍等人身损害后果之间存在一定的因果关系。考虑到患者因机器致伤右拇指就诊，原发伤较严重，即使给予恰当、合理的诊疗，其功能的损害也难以完全避免，故建议医方承担主要责任。

笔者感言

鉴定意见书发出后二月余，胡小芹再次来到了办公室，面带微笑地对我说："易主任，谢谢你们，我的问题已经解决了。"原来，人民法院收到我办的鉴定文书后，医患双方和胡小芹的工作单位对专家意见没有异议，人民法院按照医院70%、用人单位30%的比例给予胡小芹经济补偿，用人单位也为她安排了力所能及的工作。一场近两年，涉及当事人、就诊医院和用人单位三方的纠纷得到了圆满的解决。

临了，胡小芹问道："易主任，再问一个和鉴定没有关系的问题。你说我的大拇指还有恢复的可能吗？"

我笑着答道："鉴定时，专家不是已经告诉你了吗，你现在右拇指不能弯曲的原因主要是局部软组织疤痕挛缩，加上你锻炼不够。理论上可以再次手术松解，但风险很高，今后按专家告诉你的方法加强右手和前臂的功能锻炼，应该会有所好转的！"

随着近年来制造业的发展，一些高能量的外伤，比如车祸伤、工伤事故常有发生。较严重的外伤即使得到积极的诊治，也常常会遗留功能障碍、残疾，甚至死亡。即使有工伤险等意外保险救济保障,也常常会给个人、家庭和社会带来巨大的负担。常常会出现当事人、用人单位和救治医院多发纠纷,处理较为复杂、困难。此类事件的发生有当事人的责任,也有用人单位的责任,部分案件中也有医疗机构救治不当的责任。以本案为例,胡小芹因家庭经济等原因超负荷工作,造成工作中注意力不集中,发生意外伤害;用人单位管理存在漏洞,或者对管理制度落实不到位,造成发生工伤事件的后果。而经治医院在治疗过程中确实存在过错行为,没有尽到依靠目前已有的医疗技术减少或减轻残疾的治疗目的,三方共同造成胡小芹右手功能障碍的不良后果,值得我们深思。

与"错"较真

作为一个普普通通的工人,万平在过去的三十多年中从未想过自己会卷入医疗事故纠纷中。但当他真正卷入医疗事故纠纷时,却又扮演了一个出乎意料的角色:"我不再是一个在父母翅膀下的孩子,而是一个已过了而立之年想要竭尽全力拯救自己父亲的儿子,我一定要个说法!"

生 死 时 速

万平在临近的一个城市工作,父母在老家生活,每逢节假日万平都要抽空回家看看。每一个冬天都是这么难挨,瑟瑟的寒风把人的衣领和袖口越吹越紧,路人们都加快脚步,仿佛要在冰冷的寒风里挤出一条生路。夜已深,洗漱一毕,万平像往常一样躺在自己宿舍的小床铺上看看手机,准备睡觉。没过一会,就接到一个电话。

对方称他是某医院急诊医生:"喂,您好!这里是某医院急诊科，请问是万常寿的儿子吗？"

万平不知道为什么会有医院打来的电话："哎！是的，我是，请问是有什么事吗？"

电话那头传来急促的声音："麻烦您现在赶紧来我们医院一趟，您的父亲的情况很不好，麻烦您赶紧来一下。"听到这个噩耗之后，万平手一滑，"啪嗒"一声，手机摔在了地上。

这几年，万父亲一直在同高血压作斗争，他一直在吃抗压药，自从开始吃药后，父亲认为自己的身体情况一直很稳定，现在回过头想想，他也可能是故意逞强不想让他们母子担心。

万平随即又打电话，问了妈妈具体的情况，才了解到，爸爸的病情是在睡觉前突然恶化的，心慌、肚子痛，妈妈发现的时候他已经躺在椅子上痛得起不来。爸爸被送到卫生院，表情痛苦，心跳加速，肚子疼，这种情况十分常见，妈妈当时以为只是普通的吃坏肚子，吃几片药就好了。但是父亲的情况并不像他们想象的那么乐观，仅隔半小时就被送到某医院急诊科就诊。

听到父亲的病情十分危急，万平立刻告假买票，赶了最早的一趟车，火速奔去医院。火车往前开着，看着窗外的景色，万平想起了小时候父亲带他去村边的小河捕鱼，那时他的身体那样硬朗，现在却突然接到这样的电话，一时之间，他只觉恍然如梦，路上的一分一秒都是煎熬。

好在离家不远，交通便利，个把小时后万平下了火车，立马赶到医院，焦急地跑向父亲的病房。妈妈早已在急诊室门口焦急地等待，看着妈妈哭红的双眼、担心的眼神，万平怯懦了。他慢慢走到父亲的病床旁，握着父亲的手，看着父亲疼得紧锁眉头，他觉得父亲经历的痛苦，可能真的令人难以想象。他小声询问父亲现在的情况，父亲依然倔强，还像以前那样，什么都不肯说，就只是说还好，但是，断断续续的语气间，还是能听出父亲现在到底有多疼。这就是他，总是把自己遇到的难处说得轻描淡写，什么事情都往自己肚子里咽。但是，父亲越是这样，万平心里就越是心疼。

因为父亲有高血压，万平一直都很担心父亲的身体，问母亲什么也不知道，他十分急切地想知道父亲的病况。他抬头看看父亲病床旁的监护仪器，上面的各种数字在不停地闪烁，自己也看不懂。他焦急地翻着父亲的病例，上面间断记录着一些重要的病情信息。突然，急匆匆的一眼，他看到了病历上一些让他心中不安的记录："血压曾产生过剧烈波动，在卫生院测量的血压为 120/65 mmHg，到院时达到了 182/90 mmHg。"

好不容易看见值班医生，他怯怯地问医生："我是万常寿的儿子，我爸的病情不要紧吧，血压咋这么高，现在是什么情况？"

值班医生一边走一边说道："你怎么才来，前面我已经告诉你母亲了，她也听不懂。你父亲的血压我们用了降压药，还得看看再说。我们考虑冠心病可能，但查的心电图提示窦性心动过缓、1度房室传导阻滞、T波倒置、左心室肥大，心肌酶谱检查只是轻度异常，现在还不能确诊，我们边观察边治疗。"

万平似懂非懂地听着，感到十分疑惑，又问道："医生，你好！我爸有高血压好多年了，不会是脑出血了吧，能不能住进监护室，这样你们就不会错过需要采取紧急措施的信号，也不耽搁病情了。"

"你爸的病不可能是脑出血，我们一看就知道，这个你放心。至于要不要住监护室，监护室的收住是有要求的，费用也很高，我们还得根据病情决定,无论在哪个病房,我们都会严密观察、积极治疗的!"医生说完又去其他病床边忙了。万平和他母亲只能在父亲的床旁等着。

半个小时过去了,其间医生和护士来过,又做了一次心电图并且抽血化验,父亲的血压还是居高不下,腹痛仍在持续,突然父亲出现了呕吐。值班医生匆忙来到床边,检查过后说道:"你父亲的病有点复杂,复查的心电图和心肌酶还是不典型,为了安全,得收住重症监护室,进一步观察治疗。"看着父亲被推进监护室,万平想想,反正监护室也不让进去,母亲年纪也不小了,就打发母亲回家过夜,自己继续留下来。父亲能转入重症监护病房接受医疗处理,让万平心里感到些许欣慰。

但接下来的一小时,万平看到医生护士在出出进进地忙碌着,虽然他看不见父亲,但万平意识到,父亲的情况可能没有好转,有心找个医生或护士问一声,但不知找谁,他只能无助地等着。凌晨3点多了,走廊安静得让万平心里面感到害怕。此时一个医师匆忙地走了出来喊道:"谁是万常寿的家属,快点过来。"

万平闷了一下,等反应过来后,急忙跑到医生面前说道:"我是万常寿的儿子,我父亲咋样?"

医生急忙说道:"您要做好心理准备,你家老爷子可能撑不了这一关了,我们已经请了心胸外科、心内科等专科医生会诊,会尽力抢救的,但是你要做好思想准备,先跟我进去看看你父亲。"

万平不知所措地跟随医生来到了父亲的病床旁,看见父亲紧闭双眼,身上插满各种管子,监护仪的警报声此起彼伏,他欲哭无泪,只是一声接一声地哀求医生"救救我父亲"。看到医生护士们慌张地给父亲做着胸外按压、气管插管、简易呼吸气囊通气……，万平心有不甘地被劝出了重症监护室。在接下来的一小时中，医生护士们一直在努力地抢救父亲。此时此刻，万平只能选择相信医生，除此之外，真的想不到更好的办法了。渐渐地，万平失去了自信，变成了一个无助的儿子，对眼前的一切那么无能为力，只能希望奇迹出现。凌晨4点钟，天已慢慢地亮起来，病房的里里外外也开始忙碌嘈杂起来，但是奇迹并没有出现，随着主治医生的一声叹气，父亲最终还是走了……

要个说法

家中顶梁柱的突然离去，让万平陷入了深深的绝望，不敢相信眼前的一切，不明白到底发生了什么。有太多的事情发生得太快。他无法相信，短短六个小时，父亲就走了，到死也不清楚到底得了什么病。他总觉得事有蹊跷。当时，明明有整套的救治体系，为什么不及时采取？父亲难道真的就必死无疑吗？如果不是医务人员抢救不及时、决策不及时，如果医院急诊能完善各项检查，父亲也不会去世。为什么不在第一时间向家属交代有生命危险，也没有告诉家属可以再转上级医院救治？如果能及时转上级医院救治，是不是父亲还能挽回一命？万平在胡思乱想着，他不甘心，想一探究竟，不能让父亲含冤而走，一定要向医院讨个说法，起码弄明白，父亲究竟是怎么走的，于是，他到医院交涉。医院的态度很坚决，我们已经尽力救治了，你父亲的疾病很复杂，至于具体是什么疾病建议他们做尸体解剖。虽然万分不情愿，但为了给父亲一个交代，万平最终申请了尸体解剖。万平父亲的尸体解剖报告书出来了，报告死亡原因为主动脉夹层动脉瘤破裂出血，心包积血伴心包填塞，循环衰竭死亡。万平认为医院误诊误治，更加认为医院有错。

我在医鉴办办公室接待了万平，小伙子30岁左右，憔悴的神情显得他有些瘦削。跟他聊了聊他父亲病逝的前因后果，很明显，他的情绪里透露出激动和抱怨。我拍了拍他的肩膀，对他说道："小伙子，先不要激动，让我看看你父亲的病历资料和尸检报告，看能不能为你做点什么！"

我接过万平递过来的资料，仔细看了看，尸检提示"主动脉根部、升主动脉、主动脉弓及部分腹主动脉广泛夹层动脉瘤形成伴主动脉根部破裂出血""在医院治疗四小时左右"。这些信息提示万平父亲的疾病非常严重，而诊疗时间较短医生很难挽救其生命。

我尝试着问他："你对你父亲的尸检结果有没有异议？你认为医院做错了什么？"

他肯定地说道："我参与了整个尸检经过，对尸检结果没有疑问，这恰恰说明医院是错误的，他们没有诊断出我父亲得的是主动脉夹层动脉瘤。"

我轻轻地打断他，说道："那你对主动脉夹层动脉瘤这个疾病知道多少？没有诊断出来一定就是医院错了吗？"

万平激动地说："事后也找专家咨询过，也查找了许多专业文献，对我父亲的疾病有了一定认识，主动脉夹层动脉瘤致死率是极高的。高血压是引发这种疾病的一个重要因素，而父亲一直有高血压。这可能与长时间高血压的刺激，使主动脉壁张力始终处于紧张状态有关，另外也与胶原和弹性组织常发生囊样或坏死有关，毕竟父亲年事已高，动脉中层也正好处在老化过程中，这些我都知道。但是医院在治疗过程中，急诊检查项目不够完善，且该医院根本没有能力收治这种疾病，为何不做更透彻的检查，为何没有清楚地向家属交代这个病十分凶险，有生命危险，也没有告知家属可转上级医院救治，从而造成了这样的结局。"

看着万平不依不饶的样子，我只能对他说："如果你一定坚持你的观点，要个说法，那我建议你申请鉴定，让专家们给你一个科学的评判吧！"

鉴 定 意 见

万平申请了医疗事故技术鉴定，医鉴办收齐鉴定材料后随机抽取鉴定专家。万平和代理人、医院代表一道参加了鉴定会。万平认为：医院未能将父亲所患主动脉夹层动脉瘤的疾病明确诊断，造成误诊、误治，也没有向他们告知转院治疗等，导致父亲的死亡。医院则认为：患者尸检结果明确死因为主动脉夹层动脉瘤破裂，死亡是患者自身疾病发展所致；患者病情极不典型，早期难以明确诊断；我院的诊疗行为符合医疗常规，尽到了最大的努力对患者进行积极治疗，不存在违反国家相关医疗卫生法律法规、部门规章及诊疗护理常规的情形。

专家组在审阅鉴定资料和对医患双方进行详细调查的基础上，作出如下分析：主动脉夹层动脉瘤常以突然出现的胸痛为首发症状，多表现为前胸、后背或腹部突发性剧烈疼痛，80%病人伴有高血压和心动过速，病人多有烦躁不安、大汗淋漓，需与心绞痛、肺栓塞和心肌梗死相鉴别。本案患者既往有高血压病史，就诊时"心慌、胸闷伴上腹部不适"，血压182/90 mmHg，心率55次/分，医方考虑"冠心病"，予心电监护、吸氧、降血压等对症治疗，并行心电图、心肌酶谱等辅助检查，符合诊疗常规。根据尸体解剖报告患者死亡原因系主动脉夹层动脉瘤破裂出血，心包积血伴心包填塞，循环衰竭死亡。主动脉夹层动脉瘤，是一种较少见的致命性疾病。本案患者临床表现极不典型，病情进展快（就诊至死亡约四小时），临床明确诊断十分困难；病情严重（尸检报告显示：主动脉根部、升主动脉、主动脉弓及部分腹主动脉广泛夹层动脉瘤形成伴主动脉根部破裂出血），救治困难。故患者死亡是其自身疾病所致。医方虽然在诊疗过程中与患方沟通不够，但不构成医疗事故。

笔 者 感 言

诚如特鲁多医生的墓志铭上所言：有时去治愈；常常去帮助；总是去安慰。临床工作中，由于病情的复杂性、症状的多变性、病人个体的特异性和医疗技术的局限性等造成医疗的高风险性，即使在医疗水平高速发展的当下，许多疾病仍然难以被及时明确诊断，或者即使被明确诊断不良转归也难以挽回。这就要求我们加强工作中医患之间的有效沟通，通过沟通使患者及家属理解当前医疗服务水平与其需求、期望的差距，最终改变患者及其家属的认知，调节其期望水平，缩短医患之间的认知差距，相互信任，共抗病魔，减少医疗纠纷的发生。回顾万平父亲从入院到死亡整个过程，我们希望得到些许契机，对我们的健康事业的发展有所帮助。正如鉴定专家所指，本案万平父亲的疾病早期表现极不典型，病情进展较快，疾病严重，即使能明确诊断，死亡的不良后果也难以挽回。而救治的医务人员在较短时间内做了大量工作，已经尽到了与当前诊疗水平相符的诊疗义务。但事后换位思考，我们医务人员在积极诊疗病人的过程中，是否想到了万平和他母亲在走廊里焦急、无助但仍然充满希望的心情。如果我们能抽时间与他们沟通，给予他们关怀，可能他们就不会在事后有那么多的"假如"，纠纷就可能不会发生。

与「错」较真

后 记

千呼万唤始出来，凝集着医学会全体同仁心血的《医鉴启示录》终于面世了，开卷阅读，浓浓的墨香扑鼻而来。

2014年初，刚到医学会主持工作的第二个月，对医学鉴定知之甚少的我走进医鉴现场，旁听了几起鉴定案例，大受启发：我们的医学鉴定工作不仅责任重大，而且意义非凡，不能只满足于完成鉴定的任务。为此，我给医鉴办提出了在做好医学鉴定的同时，要认真做好鉴定案例的分析梳理工作，从中找出医疗缺陷乃至发生医疗事故的关键所在，并及时将信息反馈给相关单位，把医患矛盾化解在萌芽之中，真正做到防患于未然。当年年底，一份《常州市医学会580例医学鉴定案例回顾性研究》的调研报告，获得了市科协及社科联的高度评价。

虽然不参与医学鉴定工作，但作为单位负责人，平时接待过一些对医学鉴定结果有疑问的患者。这些人中，哀求者有之，哭闹者有之，威胁者有之，仿佛只要我说句话，就能改变鉴定结果。我愕然了，这些人对医学鉴定的程序如此的无知，甚至存在着误解及偏见。我开始静下心来思考如何向民众传递正确的医学鉴定理念。于是我提出了将案例进行文学加工，以故事的形式呈现，让每一位民众能看得懂，理解得透。我的想法得到了全体员工的赞同，尤其是当时医学会会长秦锡虎先生和分管医鉴工作的秘书长郑培新先生的大力支持。

2015年底，《常州杂志》上有了一个新的栏目：医鉴启示录。一篇篇生动而鲜活的医鉴故事通过杂志走向社会、走向民众。令人欣慰的是，"医鉴启示录"这个栏目用打动人心的真情实感跨越了高深的医学专业理论，真正成为通俗易懂的医学专栏，从而引导医患双方合法、理性维权，对化解医疗纠纷，促进医学发展，保护医患合法权益起到了积极的作用。

此书的出版，离不开医学鉴定办公室高觉和吴进杰两位同志的辛勤付出，尤其是医鉴办主任高觉，书中的故事大多是他亲历的，从精心选择素材到安排杂志社记者采访，再到稿件成型后的修改，他都尽心尽力。现任医学会常务副会长郑培新先生更是从此书的策划、指导、斧正等诸多方面做了大量工作。书中20个案例故事也是对医鉴工作多角度全方位地真实再现，虽经文学加工，却不失本来面目。

《医鉴启示录》通过一个个鲜活的案例及案例背后所揭示的因果关系，相信会给每一位医者带来不同的见解，给每一个患者带来理性的思考。就医者而言，在行医过程中谨记恪守诊疗规范，并满怀同情心和仁爱之心，用心去安慰、用爱去帮助、用力去治愈每一位病人。对于患者来说，从中能够感受到一份对医学不可预知性的了解，从而客观、理性地看待医学和医生，进而对医者的行医多一分理解和宽容。诚如中华医学会医鉴中心李国红主任在序中所言："这是一本涉及医疗并期望理解医疗的书，这是一本深入纠纷并期望减少纠纷的书，这是一本缘起信任并期望修复信任的书，这更是一本发现善良并期望成就善良的书。"

如若此书能带给大家一丝启示、一点启发，也不枉我们出书的初衷了。

徐瑞玉
2020年仲夏